글 쓰는 보건교사

글쓰기가 편해야 보건 업무가 수월하다

글 쓰는 보건교사

나애정 지음

생각의빛

1장 글을 쓰지 않고 보건 업무를 할 수 없다

2장 글 써야 할 때, 보건교사가 느끼는 심정은?

3장 만만하게 글 쓰는 비법은 바로 책 쓰기 도전이다

4장 책 쓰기 도전하면 글쓰기가 만만해지는 이유

5장 글쓰기가 편해지면 보건교사는 행복하다

1장

글을 쓰지 않고 보건 업무를 할 수 없다

보건 업무와 글쓰기가 무슨 상관있을까?

보건 업무와 글쓰기가 특별히 관련 없을 것으로 생각한다. 보건 교사들도 "보건 업무"와 "글쓰기"란 두 개념을 연결하지 않는다. 보건교사, 스스로 성장하기 위해서 성교육연수도 받고, 수업에 관련된 여러 기능을 배우고 숙달하기 위해 노력하지만 정작 글쓰기 실력을 높이기 위해서 에너지를 쏟는 보건교사는 보기 어렵다. 교육청에서도 보건교사의 전문적인 역량을 높이기 위해 예산을 편성하고 노력하지만, 글쓰기에 대한 연수는 거의 없다. 그래도 최근 내가 소속된 지역교육청에서는 베스트셀러 작가를 초빙해서 희망하는 교사들이 글쓰기, 책 쓰기에 관한 연수를 받을 수 있게 했었다. 나도 이 사실을 우연히 알게 되었다. 우리 학교 교사 한 명이 보건실에 와서, 교육청에서 본인이 글쓰기 연수를 받고 있다고 말했었다. 그래서 교육청에서 그런 연수를 하고 있다는 사실을 알게 되었다. 연수하는 작가는 베스트셀러 작가였다. 내 생각에는 베셀 작가의 연수가 유익하기는 하겠지만, 교사들에게 실질적인 도움이 될까? 하는 의구심이 생긴다. 교사들에게 정말 필요한 글쓰기 연수는 유명한 작가의 연수보다는 아마도 글쓰기 실력이 조금이라도 향상될 수 있는 실질적인 프로그램 운영이지 않을까? 하는 것이다. 예를 들어서 자판 필사부터 할 수 있도록 체계를 만들어 주는 것이다. 구체적인 방법은 일단, 희망하는 교사들과 단톡방을 만들어서 1꼭지 자판 필사한 것을 매일 인증하는 것이다. 인증은 간단하다. 필사한 2쪽 반 페이지를 사진을 찍어서 인증하고, 오늘 자판 필사를 했다는 연서를 달면 된다. 단순한 이 방식이 글쓰기 실력을 높이는 데 더 도움이 될지 모른다. 내 글은 아니지만 남의 글을 매일 베껴 쓰도록 동기부여 하는 것이다. 글쓰기도 처음부터 내 글을 쓰지 못한다는 사실을 인지하고 남의 글부터 베껴 쓰면서 A4 2장이란 긴 글을 어떻게 쓰는지 감을 잡으면 된다. 그리고 무엇보다 이렇게 하면 글쓰기 습관이 만들어진다. 매일 A4 2장을 쓰는데, 글쓰기가 어떻게 점점 쉬워지지 않을 수 있겠는가? 당연히 글쓰기는 말하는 것처럼 우리의 일상이 되어간다. 그런 방법으로 실질적인 도움이 되는 방식을 추진해 나간다면 지금 어렵게 생각하는 글쓰기를 조금은 더 편하게 생각하면서 보건 업무를 할 수 있을 것이다.

글 잘 쓰는 화학 교사 한 명이 있었다. 내가 소속된 부서의 부장이기도 했다. 그 교사가 학교 내 메시지 글을 보낼 때마다 나는 감동하였다. 만약, 국어 교사라면 국어 교사라서 글을 잘 쓴다고 생각했을 것이다. 그런데, 국어 교사도 아니면서 사람의 마음을 움직이는 공감 글을 쓴다는 것이 참으로 신기했다. 그 교사는 내가 4년 휴직하고 코로나19 팬데믹 상황에서 정신없이 바쁘게 근무 설 때도 도움을 많이 주고 궂은일이 있을 때, 동참해 주었다.

"부장님, 교육청에서 코로나19 검사 간이 키트가 내려왔는데, 이것을 개학할 때 학생들에게 개별적으로 배부하라고 하는데, 어떻게 하면 될까요?"

개학 직전, 코로나19 검사 키트를 교육청에서 각 학교로 내려보냈다. 그런데, 개인당 포장된 것이 아니라 4종류 물건들이 대량으로 각각 포장되어 있었다. 이것을 일일이 한 개의 비닐에 소분해서 넣어야 했다. 이것은 정말, 큰일이었다. 더군다나 방학이면 함께 협조할 일손도 없었다. 그때, 부장은 부장들 간에 소통하는 단톡방에 이런 상황을 공유했다. 그렇게 해서 개학을 앞두고 부장들이 보건실에 모여서 일일이 소분하는 작업을 하게 되었다. 그렇게 응급상황을 넘기고 학생들에게 검사 키트를 무난히 나누어줄 수 있었다. 아마도 이 부장은 글쓰기를 누구보다 잘하였기에, 방학이란 상황에서도 부장들을 동기부여 하여 협조 분위기를 만들 수 있지 않았을까 생각해본다. 말 한마디로 천 냥 빚을 갚는다고 했다. 글을 어떻게 써느냐에 따라서 상황이 많이 호전된다. 글쓰기의 가치는 얼굴을 보지 못할 때는 말하기의 가치 이상으로 그 영향력이 크다고 할 수 있다. 글 잘 쓰는 부장이 있었기에 코로나19의 위기 상황에서도 원활히 소통하면서 일이 추진되었다고 생각한다.

글쓰기와는 거리가 멀어 보였던 화학 교사가 글을 잘 썼을 때, 주변 환경은 많이 달라졌다. 글을 잘 쓰면 소통에 도움이 확실히 된다. 글을 잘 쓴다는 것은 얼굴을 안 보는 상황에서 힘을 발휘할 수가 있다. 사람이 대면으로만 일하지 않는다. 얼굴을 못 보더라도 상황을 잘 설명하고 내 글을 보는 사람들을 움직여야 한다. 그래야 학교의 일은 진행이 된다. 대부분, 협조적이지만 교사도 사람인지라 협조하지 않는 사람도 있다. 그런데, 미안하고 감사한 마음을 느끼고 공감하는 글을 쓰는 사람의 협조 요청을 쉽사리 거부하지 못한다. 오히려 더 많이 못 도와줘서 미안하게 생각한다. 화학 교사라서 글쓰기가 필요하지 않은 것이 아니다. 국어 교사만 글을 잘 써야 하는 것도 아니다. 글쓰기는 특정 과목이나 특정 직업의 전유물이 아니다. 열심히 노력해서 글쓰기를 나의 일상으로 만드는 사람은 결국, 글쓰기가 점점 더 편해지는 것이다. 나중에 알고 보니, 그 화학 교사는 매일 일기를 쓴다고 했다. 늦은 시간일지라도 술을 먹고 귀가하더라도, 매일 일기장을 펴고 자기 내면을 글로 적어 하루를 반성해 나간다는 이야기를 부서 모임에서 듣게 되었다. 나는 그때 알았다. '아, 그래서 메시지 글에서도 감동을 주는 글을 그렇게 매번 썼었구나!' 화학 교사이면서 학생부장이었던 그 교사의 남다른 글솜씨가 이해되었다.

4년 만에 복직한 나는 무리 없이 보건교사 일에 적응했다. 복직 당시 코로나19 대응도 무난하게 할 수 있었는데, 가장 큰 이유가 아마도 글 쓰기 때문이라고 생각한다. 교직 기간에 1회 가능한 자율휴직까지 사용했기 때문에 나는 더 이상 휴직을 할 수가 없었다. 코로나19 상황의 복직만큼은 나를 위해서나 다른 교직원과 학생들을 위해서 피하고 싶었다. 한마디로 너무 오랫동안 휴직을 해서 자신이 없었다. 기존 보건 업무를 처리하기에도 힘들 것 같은데, 어떻게 코로나 대응까지 해낼 수 있을까? 자신 없어서 한마디로 멘붕의 상태였다. 하지만, 돌이킬 수 없다. 이제 더는 물러설 곳이 없었다. 죽기 아니면 까무러치기이지 하는 마음으로 복직했다. 복직을 앞두고 난, 2월부터 출근했다. 인수인계도 받고, 코로나19 대응에 대해서 나름의 대응을 하기 위해 미리 서둘렀다. 그전 보건교사는 나이 많은 기간제 보건교사였는데, 기존 기간제 보건교사가 사정이 생겨서 6개월을 남겨두고 그만두어, 나이 많은 기간제교사가 보건 업무를 맡게 되었다고 이야기를 들었다. 새로운 마음으로 하나하나 터득해 가봐야겠다 생각했다. 보건실에 혼자 있으니, 모르는 것은 그 누군가에게 글로 질문했다. 이를 때, 글쓰기는 최고의 방법이 되었다. 미안하지만 어쩔 수가 없다. 미안함을 표시하는 이모티콘을 넣어서 질문하고 또 질문했다. 업무에 대해서 그렇게 알아갈 수밖에 없는 상황이었고 다른 방법은 없었다.

글쓰기가 만만하다면 보건 업무에 여러모로 도움이 된다. 오랜 휴직 후 복직에서도 글쓰기를 만만히 하는 사람은 적응력에 있어서 다르다. 글이 익숙하지 않다면 보건교사는 일일이 전화하든지 아니면 직접 찾아다녀야 한다. 그런데 이것이 쉽지 않다. 전화하더라도 전화를 안 받을 수가 있다. 요즘은 교사 1인당 1대의 전화기가 제공되기에 바로 통화를 할 수가 있을 것 같지만, 거의 통화 못 할 때가 많다. 수업을 들어가서 못하고, 담임교사는 조종례를 하거나 문제가 발생해서 학생을 지도하기 위해 자리를 비우는 경우도 많기에 통화가 어렵다. 그리고 직접 찾아가는 것도 그 사람을 만난다고 하더라도 그 사람은 당장 다른 급한 일을 해야 한다. 내가 잡고 질문이라도 하려고 한다면 그 사람의 바쁜 일을 못 하게 하는 것이나 마찬가지이다. 이것처럼 민폐도 없다. 그래서 글을 써야 한다. 글을 써놓으면 바쁜 것이 지나고 난 뒤 여유시간에 글을 읽고 답장할 것은 답장한다. 시간은 조금 더 걸릴 수 있지만 그래도 글쓰기로 웬만하면 질문에 관한 답을 얻을 수가 있다. 그렇게 적응해 간다. 그리고 보건 업무에서도 마찬가지이다. 정말 급할 때 전화나 직접 방문하지만, 그 외에는 대부분 메시지 글을 써서 전달한다. 만약, 글쓰기에 익숙하지 않으면 글 읽는 것도 익숙하지 않을 수 있다. 글을 써보면 읽는 것이 좀 더 수월해진다. 글 쓴 사람은 글을 어떤 식으로 쓰는지 알기에 읽는 것도 좀 더 만만해진다.

보건 업무와 글쓰기는 밀접한 관계가 있음을 강조하고 싶다. 아무리 유능한 보건교사라고 하더라도 이제는 일반적인 소통 수단인 글쓰기에 편해져야 한다. 만약, 글쓰기가 부담을 느낀다면 전문적인 역량을 발휘하기에도 어려울 수 있다. 보건교사는 건강과 관련된 업무를 해서 학교 건강에 보건교사로서의 역량을 발휘하지 못한다면 학교의 건강관리에도 부정적인 영향을 미칠 수 있다. 아무리 유능한 보건교사라도 혼자서 일할 수는 없다. 잘 표현하고 잘 소통하는 기술이 필요한데, 그것이 말하기뿐만 아니라 글쓰기, 2가지 능력이지 않을까 싶다. 말하기도 남 앞에 서서 의료전문인으로서 믿음직스럽고 당당하게 표현할 수 있어야 하겠고 글쓰기에도 공감되는 글로 건강이란 목표를 향해 학교의 전 교직원이 함께 움직일 수 있도록 동기 부여해야겠다. 보건교사는 전문의료인으로서 전문적인 지식을 쌓고 능력을 키우면서 이제는 글쓰기에도 관심을 가져야 한다. 글쓰기 성장을 위한 비법을 배우고 익힌다면 글쓰기 능력을 충분히 갖출 수 있다. 글쓰기가 만만해질수록 보건 업무는 더 수월하고 건강하고 행복한 보건교사의 삶을 살아갈 수 있을 것이다.

사실, 보건 업무는 글로 시작해서 글로 마친다

보건 업무가 글로 시작해서 글로 마친다는 생각을 책을 쓰기 전에는 하지 못했다. 나는 2018년부터 책을 쓰기 시작해서 현재까지 꾸준히 쓰고 있다. 매일 1꼭지 글쓰기를 가장 우선순위로 두고있는데, 전업 작가가 아니기 때문에 시간은 항상 부족하다. 1꼭지 글을 쓰는 스타일이 작가마다 다른데, 나의 경우에는 서론부터 결론까지 한 번에 쓰는 것을 선호한다. 역시 시간이 관건이다. 주로아침 시간과 주말 시간에 1꼭지 글을 쓰고 있는데, 주말은 가능하지만, 주중에는 한꺼번에 1꼭지를 다 쓰는 것이 불가능하다. 그렇다고 주중에 1꼭지 글쓰기를 생략할 수는 없다. 생략하는 순간, 글쓰기가 어색해지는 것은 시간문제이다. 매일 할 때는 모르지만, 하루라도 건너뛰면 어색해지는 것이 바로 글쓰기라고 생각한다. 실제 스스로 그렇게 느꼈고, 주변 작가들을 봤을 때도 그렇다. 1년의 공백 기간이 있다면, 1꼭지 글을 쓰는 감을 잡는데, 1년 이상의 시간이 또 걸릴지 모른다. 그래서 매일 글을 써야 한다. 없는 시간을 쪼개면서 이른 아침, 나는 1꼭지 글을 쓰기 위해 노력한다. 이런 노력 후에 보건 업무를 되돌아봤을 때, 보건 업무에서도 많은 부분 글쓰기를 하고 있다는 사실을 인지하게 되었다. 특히 코로나19 팬데믹 이후에는 더욱 많이 글로 소통한다. 과거에는 주로 전화로 했었지만, 지금은 전화보다는 글로 필요한 내용을 주고받는다. 다행스러운 것은 직장에는 코로나19 이후에 글 쓰는 시스템이 더 잘 갖추어져 있어서 글쓰기는 유용한 업무 수단이 되고 있다.

〈오늘 할 일〉

1. 나이스 건강기록부 마감하기 (　)

2. 여성가족부 통합예방 교육 입력하기 (　)

3. 공사 대비 보건실 짐 챙기기 (　)

4. 정리하기 (　)

나는 출근을 하면 그날 꼭 해야 할 일을 기록한다. 그날그날 하는 일은 다르기에 적는 내용도 조금씩 다르다. 며칠 전에 겨울 방학을 시작했는데, 그 전에 나는 출근해서 위와 같은 내용으로 메모했다. 연말이면 꼭 해야 할 일들이 몇 가지 있다. 가장 중요한 것들이 나이스에 있는 건강기록부 마감 상신을 올리는 것이다. 그 전에 먼저 반별 마감이 되어야 한다. 이미 담임들에게 나이스에서 건강기록부 마감하는 법에 대한 안내는 여러 번 한 상태이다. 하지만, 담임교사들이 바쁜 관계로 놓칠 수가 있어서 또다시 확인한다. 만약, 마감이 많이 안 되었을 때는 담임교사에게 한 번 더 메시지를 보낸다. 그리고 일부 담임교사만 반별 마감을 못 한 경우에는 해당 교사들에게만 메시지 글을 다시 보내서 마감할 수 있도록 한다. 이렇게 하면 대부분 담임교사는 정해진 날짜에 마감한다. 반별 마감이 끝나는 다음은 보건교사가 학년별로 마감을 해서 상신을 하면 된다. 나는 고등학교에서 근무를 서고 있는데, 고3일 경우, 건강기록부를 출력해서 졸업장과 함께 배부하기 때문에 조금 더 빨리 학년 마감을 해달라고 부탁한다. 그래서 다른 학년보다 조금 더 일찍 학년 마감 상신을 올리는 일도 있다. 하지만, 다른 학년도 함께 마감 상신을 올려도 크게 무리가 없기에 함께 마감 상신을 올려, 마무리가 되도록 하면 된다. 학년이 끝나는 2월 말일까지 여성가족부의 통합 예방 교육 시스템에 접속하여 학교에서 실시한 성희롱, 성폭력, 성매매, 가정폭력 교육에 대해서 자료를 첨부하여 상세히 보고한다. 이것도 학기 중에 필요한 서류를 미리 챙겨서 연말에 바로 입력해서 마무리할 수 있도록 준비하면 된다. 그리고 올겨울 방학 때는 창호공사가 대대적으로 있다고 해서 창가 쪽 물건들을 반대쪽으로 이동해야 한다. 창호공사는 방음 효과가 있는 창문으로 교체하는 공사로 담 하나를 공동으로 사용하는 중학교가 바로 옆에 있어서 조용한 면학 분위기 조성을 위해 공사하게 되었다고 한다. 보건실에서 창가 쪽에 책상과 컴퓨터 기타 가구들이 많이 있어서 일단, 혼자서 하는 데까지 집기들을 옆으로 조금 이동했다.

안녕하세요?

약품함은 보건실로 내려주시면

새 학기에 다시 채워서 학년 부로 올려드리겠습니다.

한 해 동안 고생 많으셨습니다.

방학이네요. 에너지 충전하시는 귀한 시간

보내시길 바랍니다.

방학 직전, 약품함 수거를 위해 학년 부장 교사에게 메시지를 보냈다. 약품함은 당장 급한 일은 아니지만, 질문이 들어왔다. 약품함을 보건실로 내려도 되는지 묻는 학년 부장의 질문이었다. 그래서 3개 학년의 부장들에게 함께 메시지를 보냈다. 약품함은 학년교무실에 반드시 비치하고 있는데, 이것의 대표적인 용도는 2가지이다. 하나는 급할 경우 약품함을 사용하라는 것이다. 학교는 대부분 5층까지 있는 경우가 대부분이다. 주로 교실과 학년 부는 3층 이상에 있다. 보건실은 1층이나 2층이다. 급하게 밴드가 필요하다거나, 시간이 없으면 학년 부의 약품함이 있으니, 교과교사나 담임교사가 학생에게 챙겨줄 수 있다. 또한 보건교사가 출장이나 기타 사정으로 인해 부재중일 때, 외과적인 처치는 할 수 있다. 단, 약품을 학생들에게 주는 것은 지양하고 아픈 아이들이 있다면, 조퇴를 시켜서 학부모가 아이를 케어할 수 있도록 해야 함을 당부했다. 그리고 평상시 담임교사들이 시간은 부족하고 몸이 아플 때도 본인 스스로 사용할 수 있다고 알려주었다. 의사의 처방을 요구하는 약은 없기에 교사 본인이 먹는 것은 크게 문제가 되지 않는다. 보건교사에게 상의하고 먹는 것이 가장 좋은 방법은 두말할 것도 없을 것이다. 학년 부에 약품함을 두면 단점은 약을 헤프게 사용한다는 점이다. 그래서 되도록 보건교사가 있으면 보건실을 이용할 것을 또한 강조한다. 약품함은 정말 피치 못할 상황에서만 사용할 수 있도록 미리 안내하면 되겠다. 최근에는 비의료인이 타인에게 약품을 사용하지 못 하게 하는 공문이 하달되었다. 만약에 비의료인 교사가 약품을 학생에게 주었을 때, 좋지 않은 결과가 발생한다면 비의료인의 책임이 되는 것이다. 이런 부분에 대한 확실한 책임을 인지할 수 있도록 매뉴얼이 내려왔다고 볼 수 있다. 나는 이 부분 전체 교직원들에게도 안내했다. 되도록 보건실을 이용해야 하고, 보건교사가 없는 경우에는 귀가시키는 것이 가장 안정한 것이다. 건강에 관련된 사항에 대해서는 무엇이든지 글로 안내하고 소통하는 것을 추천한다. 글은 그대로 남아서 만일의 경우 귀한 자료가 될 수 있다.

보건 업무, 하루의 시작도 글로 시작한다. 1년을 마무리하는 시점에서도 글로 소통한다. 어쩌면 근무서는 내내 보건교사는 메시지 글을 보내고 답글을 쓰고 그렇게 업무 대부분을 소통할 것이다. 이런 상황에서 글쓰기가 말처럼 편하지 않다면 어떻게 업무를 설 수 있겠는가? 물론, 문자메시지처럼 간단히 보내는 메시지 글은 누구나 부담 없이 쓸 것이다. 하지만, 응급상황이거나 길게 써야 할 상황일 때 글쓰기가 난감해진다 이런 경우가 주로 문제이다. 그런데, 이렇게 길게 메시지 글을 써야 할 때가 해결되지 않으면, 항상 글쓰기에 있어서는 자신감이 없어진다. 언제 어느 때, 긴 글을 써야 할지 모르기 때문에 불안감마저 생길 수 있다. 글쓰기, 이제 보건교사는 마음 편히 얼마든지 써낼 수 있다는 생각을 가질 수가 있어야 한다. 일부러라도 시간을 내서 글쓰기를 연습할 수 있으면 좋겠다. 글쓰기 연습, 하루해야 할 일을 적어 보면서도 연습이 된다. 그리고, 어떤 상황일지라도 일부러 여러 개의 글을 적어 보고 가장 마음에 드는 것을 골라서 수정해 보는 것도 글쓰기 연습이 된다. 사실, 보건실에서 말할 기회는 글 쓰는 시간보다 적을 수 있다. 주로 아프거나 다친 아이들과 말하는 것인데, 그 말은 어느 정도 정해진 말들이다. 하지만, 글은 대상이 제한적이지 않다. 누구에게나 글을 쓸 수 있고, 글쓰기 연습도 할 수가 있는 것이다. 나 자신에게라도 글을 쓸 수 있다. 보건 업무가 글을 쓰지 않고는 안 되는 이 시대에 이제, 글쓰기에 조금은 자신감을 가질 정도로 글쓰기 능력을 키워보아야겠다. 글로 시작해서 글로 마치는 하루, 그것이 바로 보건교사의 삶이란 사실부터 인지하도록 하자.

보건 행사, 전 · 중 · 후에 메시지 글쓰기

"심폐소생술 교육과 성교육"

보건 업무의 특성상 전교생을 대상으로 하는 행사가 많다. 특히, 심폐소생술 교육과 성교육은 전교생을 대상으로 하는 중요한 보건교육이다. 고등학교에서 근무서는 나는 심폐소생술 교육이 체육교과서에 수록되었다는 것을 알고 있다. 중학교, 초등학교 학생들의 교과서에도 나와 있는지는 아직 확인 못 했다. 최근 초등학생들도 가족을 구한 사례가 많다. 초등학생도 소중한 생명을 충분히 구할 수 있기에 초, 중, 고 정규 교육과정의 내용으로도 들어가야 하는 것이 맞는다는 생각이다. 심폐소생술이 체육교과서에 수

록된 내용이지만, 보건교사도 생명을 구하는 그 중요한 교육을 학생들에게 한 번 더 알려주고 싶은 마음이 크다. 학생이 실습으로 심폐소생술이나 응급처치법을 몸에 제대로 익힐 수 있도록 하고 싶은 마음이다. 성교육, 또한 그렇다. 성과 관련된 문제에 있어서는 사회적으로 아주 민감하고 예민한 부분인지라, 여학생뿐 아니라 남학생들도 꼭 받아야 할 교육이다. 이 두 분야는 전문적으로 자격을 갖춘 전문 강사를 초빙해서 제대로 교육해야 한다. 왜냐하면 전문적으로 공부하고 연구한 사람들이 평상시 다양한 사례 위주의 심도 있는 강의를 할 수 있고 그럴 때, 단 1회의 강의일지라도 학생들의 삶에 평생 긍정적인 영향을 미칠 수 있기 때문이다.

얼마 전에 심폐소생술 교육과 성교육을 마쳤다. 12월, 2차 지필 평가가 끝나고 나서 나흘 동안 2가지 교육을 마쳤다. 보건교육은 정규 교육과정 중에 있지 않다. 창제 활동 시간에 1~2시간 빼서 실시하고 있지만, 그것으로는 사실 부족하다. 그래서, 항상 보건교육을 할 시간이 없다는 것이 고민이었다. 이왕 할 거면 여유롭게 하고 싶지만, 그럴 만한 시간이 없었다. 이런 고민을 나와 비슷한 연배의 진로 부장과 이야기를 나누게 되었다. 진로 부장은 그럼, 2학기 2차 지필 평가 끝나고 모든 일정이 끝나면 학생도 교사도 특별히 하는 것이 없는데, 그 시간에 하면 어떻겠냐고 말했다. 그래서 "아, 그래요? 잘 되었네요."라고 말하고 바로 시행해 보았다. 정말 가장 좋은 시간대였다. 심폐소생술은 1학년 대상으로 10개 반을 이틀 동안 실시했고, 성교육은 2학년을 대상으로 역시 10개 반을 나흘 동안 실시했다. 병은 소문을 내라고 했던가? 업무상 고민되는 문제들도 소문을 내야 한다. 내 머리에서 답을 찾지 못하던 문제에 대해 그 누군가는 쉽게 해결할 수 있는 대안을 가지고 있을 수 있는 것이다. 특히, 보건교사는 수업 일정에 대해서 속속들이 잘 모른다. 진로 부장과 이런 대화를 함으로써 수업 상황을 듣게 되었고, 그것을 보건교육 시간으로 활용하게 되었다.

전교생을 대상으로 행사할 때, 결재가 완료되고 나서 전 교직원에게 전체메시지를 보낸다. 최소 1주일 전에 한번 보내고, 그리고 행사 하루 전에도 보낸다. 그래야 잊어버리지 않고 교사들도 마음의 준비를 한다. 사실, 마음의 준비가 중요하다. 어떤 행사를 시행할 때, 혼자서 하는 것이 아니기 때문에, 여러 번의 글을 보내주는 것이 원활한 행사를 위해 유익하다. 심폐소생술과 성교육 행사를 위한 메시지 글을 소개하면 아래와 같다.

〈학생 대상 심폐소생술 교육과 성교육 시행 예정〉

이번, 2차 지필 평가가 끝나고 다음 주부터 전문 강사님을 초빙하여 학생 대상 심폐소생술 교육과 성교육을 시행할 예정입니다. 아래와 같이 실시 계획이니, 참고하여 주시길 바랍니다.

1. 심폐소생술 교육

가. 대 상 : 고1 학생

나. 일 시 : 12월 17일(화)~12월 18일(수), 양일 1교시~5교시.

다. 장 소 : 1층 시청각실

라. 방 법 : 수업 전 각반 1층 시청각실로 이동.

　　　　12월 17일: 1반~ 5반, 12월 18일: 6반~10반.

마. 업 체 명 : 알찬 정보(전문 강사 하 0호, 이 0연)

바. 교 육 비: 학교 예산

2. 성교육

가. 대 상 : 고 2 학생

나. 장 소 : 각 반 교실,

다. 반별 날짜 : 12월 16일(월) : 1반~3반(1교시~3교시),

　　　　12월 17일(화) : 4반~6반(1교시~3교시),

　　　　12월 18일(수) : 7반~8반(1교시~2교시),

　　　　12월 19일(목) : 9반~10반(1교시~2교시)

라. 강 사 : 한국 양성평등 진흥교육원 강사 김 O화

마. 강사비 : 학교 예산. 끝.

*심폐소생술 실습을 받고 싶으신 교직원께서는 참석 가능합니다.

*심폐소생술은 수업 시작 5분 전에 이동해서 시청각실에 착석할 수 있도록 지도 부탁드립니다.

*이동 수업 자제 협조 부탁드립니다.

*교과 선생님께서는 정숙지도 부탁드립니다.

　심폐소생술 교육과 성교육을 한주에 실시하는 내용의 메시지 글을 작성해서 전 교직원에게 보냈다. 2개 학년 20개 반이 나흘 동안에 이 두 교육을 받았다. 성교육은 1명의 강사가 시행했는데, 10개 반이니 3반, 3반, 2반, 2반씩 나흘 동안 각 반에 들어가서 교육했다. 첫날은 외부 강사가 학교 시설 상황을 잘 모르니, 직접 교실까지 안내하고, 노트북 설치, TV 연결 상태, 기타 등 준비를 도와주었다. 고등학교라서 그런지 멀티미디어 담당 학생이 정해져 있어서 그 학생의 도움을 받았다. 심폐소생술은 2명의 강사가 이틀에 걸쳐서 교육했다. 시청각실에서는 아이들이 무대에서 실습했는데, 학생들이 무대에 올라가는 경험을 할 수 있어서 좋았다. 그리고 무대에서 실습하는 모습을 아이들은 편안한 의자에서 앉

아서 여유롭게 보면서 반복 효과도 생겼다. 역시, 환경이 좋으면 마음가짐도 달라지고 더욱 열심히 교육에 참석한다는 사실을 피부로 느낄 수가 있었다. 연말이라 시청각실 이용하는 부서도 없어서 이 또한 2차 지필 평가 후에 교육하는 이점이란 생각이다. 행사 일주일 전, 하루 전에도 메시지 글을 보냈지만, 나흘 동안 행사 진행일 경우, 행사 중간중간 진행 상황에 대해서 메시지 글을 보내길 권한다.

〈1, 2학년 성교육, 심폐소생술 교육 종료〉
- 행사종료 안내
금일 성교육(1학년), 심폐소생술 교육(2학년) 모두 잘 끝났습니다.
선생님의 관심과 협조 감사드립니다.
좋은 하루 보내세요

행사가 끝나면, 행사가 잘 마무리되었다는 사실을 알려주면 좋다. 무엇이든지 마무리가 되었다는 것을 알려주어야 다른 교직원들도 잊어버린다. 학생 700명 정도 되면 전 교직원이 90명 정도 된다. 전체메시지로 행사 잘 끝났고 감사하다는 메시지 글을 보내면 대부분, "아 끝났구나!"라고 생각한다. 누군가는 "고생 많았습니다"라고 답글을 보내기도 한다. 관리자나 부장들이 이런 메시지를 주로 보내는데, 이것 또한 보건교사에게 힘이 되는 일이다. 종료 메시지를 보냄으로 인해, 스스로 수고로움을 인정받는 기회를 가져서 보건 업무에 더 만족스러워진다.

학교 내 보건 행사를 할 때는 전 · 중 · 후로 나누어서 메시지 글을 보내길 권한다. 보건교사 업무는 전 교직원, 전교생을 대상으로 행사하는 경우가 많다. 얼마 전에 새로 생긴 잠복 결핵 검사를 위해서도 보건교사는 병원 의료인을 출장 오게 해서 학교 안에서 검사를 시행했다. 그때도 전 교직원을 대상으로 검사 전에도 검사 중간에도 검사가 종료한 이후에도 여러 번 메시지를 보냈다. 아예, 그날은 "금일 ~검사가 있을 예정인데, 혹시 잦은 메시지가 있더라도 양해 바랍니다."라는 메시지를 미리 보냈었다. 학생 대상 행사일 때도 마찬가지이다. 학생 대상일 경우 교과교사가 있기에 교과교사의 정숙 협조를 얻어 행사가 원활히 진행되도록 하는데, 그것을 위해서 협조 메시지를 여러 번 보내게 된다. 이때도 글쓰기가 부담스럽지 않아야 한다. 부담스럽다면 그런 메시지 글쓰기가 보건교사에게 스트레스 상황이 된다. 글쓰기가 편하지 않은 보건교사가 많다. 보건교사뿐 아니라 일반적으로 그렇다. 특히,

메시지 글을 자주 쓰는 보건교사는 자연스럽고 원활한 업무를 위해서 글쓰기가 만만해질 수 있는 비법을 찾아야 한다는 생각이다. 그 비법은 있다. 나는 그것이 바로 '책 쓰기'라고 생각한다. 어찌하였든, 행사 전, 중, 후에도 메시지 글쓰기를 자주 보내서 원활하게 행사가 진행되고 마무리될 수 있도록 해야겠다. 행사 후에는 감사의 인사 글을 꼭 전달하는 것 또한 잊지 말아야겠다. 알게 모르게 보건 행사에 모든 교직원이 동참하고 있다. 보건교사가 일일이 모르더라도, 모든 교직원은 관심을 가지고 협조하고 있다. 그런 믿음으로 행사가 끝난 마지막에도 공손하게 감사의 메시지를 남기길 바란다.

글쓰기가 만만할수록 업무 제안이 수월하다

"선생님, 공문이 도착했어요."

교무실 실무사가 카톡으로 파일과 함께 메시지를 보냈다. 급하게 파일을 열어보니, 학교 흡연 예방 실천학교 신청서 제출 관련 공문이었다. 1월 24일까지 신청이다. 공문 표지하나만 파일로 왔다. 겨울 방학 전에 관리자가 이 사업을 한번 해보면 어떻겠냐고 나에게 의견을 물어보았었다. 그래서 나는 "이 사업은 나중에 사업 보고도 하고 사업 범위가 큰 사업으로 알고 있다. 열정적이고 젊은 보건교사가 하기에 적합한 사업인 것 같습니다."라고 답을 보냈었다. 하지만, 관리자는 그 사업을 하고 싶은 마음이 큰 모양이었던지 다시 메시지를 보냈다. "기본형으로 신청해서 하면 좋을 것 같아요." 그렇게까지 반복해서 권유했기에 차마 거절할 수가 없어서 나는 다음에 공문이 오면 자세히 확인해보겠다고 답글을 보냈다. 그랬던 그 사업이, 방학하자마자 공문으로 내려왔다. 일단, 흡연 예방 실천사업 매뉴얼을 교육청에서 내려받아서 읽어보았다. 이 사업은 학교 전체 구성원이 함께 움직여야 할 규모가 큰 사업이었다. 보건교사가 역할을 맡기에는 쉽지 않은 내용이라는 판단이 섰다. '이런 사업을 어떻게 보건교사에게 해보지 않겠냐고? 질문을 했을까?' 하는 생각이 들었다. 나를 특별히 능력이 많다고 생각하는 것인지? 아니면 그냥, 누군가가 하기를 바라는데, 이것을 맡길 부서가 없어서 보건교사에게 맡기려는 것인지, 그 의도를 자세히 알 수가 없었다. 이 사업이 어떤 사업인지 자세히 알고는 있는 것인지? 매뉴얼이 있으니, 매뉴얼이라도 확인하고 보건교사에게 권유했던 것인지, 여러 생각이 들었다. 원활한 사업 진행을 위해서도 좀 더 신중하게 검토해야 한다는 생각이 들어서 어떻게 이야기를 꺼내야 할지 난감했다. 또 한편으로 내가 한 번도 해보지 않았기에 매뉴얼과 현실이 조금은 다를 수 있다는 부분도 염두에 두고 있었다. 그래서 아침마다 매뉴얼를 읽어보았다. 머리가 가장 맑은 새벽 시간에 이 매뉴얼을 읽고 답을 찾다 보면 현명한 답을 찾을 수 있을 것이란 생각을 했다. 그냥 할 수 있다고 했다가 나중에 코로나19 같은 감염병 상황이라도 발생하면 대책이 없어지는 것이다. 보건교사는 지금 당장 건강증진도 중요하지만, 항상 만일의 사태를 고려해야 한다. 의료인이기에 이런 고려를 하게 되는데, 일반인인 교사들은 이해 못 할 수도 있을 것이다.

"안녕하세요. 흡연 예방 실천학교 사업에서는 보건교사가 힘을 보탤 수 있지만, 총괄은 부장급에서 진행해야 원활한 사업이 진행될 것으로 생각합니다. 그리고 개인적인 생각으로는 전 세계가 이웃처럼 가까워져 언제 감염병이 다시 도래할지 모르는 상황에서는 흡연 예방사업도 좋지만, 감염병 관리에 더 주안점을 두어 평상시 대비를 해야 한다고 생각합니다. 전문가들은 코로나19 같은 전 세계적 감염병 팬데믹 상황이 주기적으로 올 수 있다고 예견하고 있습니다. 저의 의견에 오해는 없으시길 바라며 메시지를 보내드립니다."

위의 내용처럼 사업에 대한 제안 글을 메시지로 작성했다. 관리자에게 보내기 위해서 글을 썼다. 그러는 중에, 매뉴얼과 현실의 괴리가 있을 수 있다고 생각을 해보았다. 안내서에서는 여러 가지 해야 할 일들이 많고 사업담당자는 물론, 수행팀까지 조직을 구성해서 학교 전체의 협조하에 실천해야 한다는 느낌이 강했지만, 실제도 사업을 그렇게 해야 할지 확인을 해보고 싶어졌다. 그래서 보건교사 단톡방에 메시지를 올렸다. "안녕하세요? 방학인데, 재충전 잘하고 계시는지요? 다름이 아니라 혹시 흡연 예방 실천학교 사업을 해보신 샘이 계신가요?"라고 질문했다. 이 사업은 1월에 공문이 왔고, 하필 방학 기간에 신청을 받고 있었다. 한 명의 보건교사가 본인은 해마다 하고 있다고 답글을 올렸고, 나중에 개인 톡으로 연락하면 알려주겠다고 했다. 그래서 통화를 하게 되었다. 그 보건교사의 말에 의하면, 기본형은 300만 원 이하로 신청할 수 있고, 신청한다고 예산을 다 주지도 않는다고 했다. 지역교육청에서 위원을 구성해서 학급수에 맞춰서 금액을 정해서 지원한다는 것이다. 자기 학교 학급수는 24학급인데 100만 원 신청했다고 한다. 그리고 행사도 5월 31일이 금연의 날을 전후해서 1층 중앙현관에서 흡연 관련 사진 전시를 하고 금연 퀴즈를 해서 선물을 학생들에게 준다고 했다. 물론, 보건교사는 보건실을 지켜야 하기에 학생자치회 학생들에게 생활 기록부에 활동 내용을 기록해준다고 하고 협조를 구해서 4일 정도 점심시간을 이용해서 학생들

흡연 예방 퀴즈를 실시했다고 한다. 그리고 체육행사의 날에 전체 학생들을 대상으로 "금연 선서식"을 했다고 한다. 그렇게 하고 전교생들에게 여유가 있다면 금연 관련 선물도 증정했다고 한다. 행사 전, 사전 조사도 시행했는데, 구글 폼을 이용해서 흡연 관련 설문조사를 실시했고, 메신저를 통해서 교직원뿐 아니라 학생반 아이들까지 설문조사를 할 수 있도록 협조를 구했다고 한다. 현실에선 매뉴얼보다 조금 느슨하다는 느낌이 들었다. 그리고 사실, 지원 금액이 많지 않기 때문에 할 수 있는 행사도 한계가 있는 듯했다. 그래서 써놓은 제안 글은 파기해 버리고 기본형으로 신청하는 것으로 결정을 내렸다.

"안녕하세요. 수능 날, 후송 차량은 일반 교직원 차량으로 지정했으면 합니다. 왜냐하면 보건교사가 함께 타면 위급한 상황으로 환자를 돌보면서 병원까지 가야 하는데 운전을 하면서 환자를 돌볼 수는 없기 때문입니다. 보통은 운전자 1명, 함께 같이 탄 학교 담당자 1명 이렇게 후송하는 것이 일반적입니다. 학교 내 응급환자 발생 시 적용하는 응급환자 관리 매뉴얼에 의하면 환자를 크게 2 분류로 나누는데, 경한 환자면 학부모-담임선생님-보건교사 순서로 후송을 담당하고 있으며 위급한 환자면 보건교사와 담임교사가 같이 타서 함께 병원까지 후송하는 것으로 관리하고 있습니다. 이렇게 대부분의 학교가 매뉴얼대로 응급환자를 관리하는 이유는 언제 어느 순간에도 위급한 환자는 발생할 수 있고 최대한 응급환자를 놓치지 않기 위해서입니다. 수능 날은 평상시보다 더 매뉴얼대로 응급환자를 관리해야 합니다. 더군다나 본 학교는 특수학생이 시험 보는 시험장으로써 일반 시험장보다 더 철저하게 응급환자 관리 매뉴얼에 따라 관리되어야 하기에 학교의 의료인으로서 메시지를 드리니 참고하여 주시길 부탁드립니다."

위의 글은 수능 시험장에서 보건교사를 후송 담당자로 지정한 것에 대해서 의견을 제시하는 제안 글이다. 의료인이 생각했을 때, 너무나 상식적인 일들이 일반인들이 생각했을 때는 그렇지 않을 수가 있다. 상식적으로 후송 중에도 위급한 환자는 상태가 어떻게 악화할지 모른다. 그렇기에 환자는 보건교사가 돌보고 운전은 다른 교직원이 해야 한다. 위급한 환자일 경우 보건교사 혼자 환자를 데리고 가는 것도 안 된다. 앰블런스 운행을 봤을 때도 운전자 따로 있고 처치하는 응급구조사가 따로 있다. 그런 상식적인 점을 가볍게 생각하면 간과할 수도 있다. 실수로 깊이 생각하지 못한 것이다. 그렇기에 의료인은 비의료인이 놓친 부분에 대해서 전문인으로서 제안 글을 보내는 것이 양심적이다. 그래서 평상시 응급환자 관리 매뉴얼을 다시 한번 알려주어 인지할 수 있도록 했고, 후송 담당자는 다른 일반 교직원이어야 한다는 사실을 제안했다.

업무 제안 글은 보건교사에게 가끔 필요한 글이다. 제안 글을 쓸 때는 감정이 격해져 있을 때가 많다. 위의 2가지 제안 글은 누구나 경험했을 수 있는 상황이다. 이런 상황에서 보건교사의 관점에서 황당할 수 있지만, 그렇다고 감정적으로 대처할 수는 없다. 항상, 보건교사는 평정심을 유지해야 한다. 그래야 학교의 건강을 유지하고 증진할 수가 있다. 학교의 유일한 의료인 보건교사, 의료인이 아닌 사람들이 봤을 때는 이해 안 되는 부분이 충분히 있을 수 있다. 그렇다고 하더라도 의료인으로서 중심을 잡고 학교의 건강을 위해서 제안 글을 써야 한다. 글쓰기가 만만하다면 감정을 자제하면서 써나갈 수 있다. 글을 쓰면서 보건교사로서 해야할 역할이 더욱 명확해진다. 제안 글쓰기는 보건 업무를 하면서 필요한 부분이다. 말보다는 글로 써서 전달할 때, 제안 글을 받는 사람도 신중해진다. 왜냐하면 글은 남기 때문이다. 시간이 아무리 흘러도, 자료가 그대로 남아 언제든 재확인할 수 있다. 그리고 말보다 글로 전달할 때, 감정을 자제해서 핵심 메시지를 더 잘 전달할 수도 있다. 글쓰기가 만만해졌을 때이다. 그런데, 글쓰기가 편하지 않다면, 글을 쓰면서 오히려 스트레스를 더 받게 된다. 아마도 글을 쓸 생각도 하지 않을지 모르겠다. 제안 글을 써야 할 상황에서는 말보다는 글이 확실히 낫다. 제안 글을 쓰는 상황이 좋지 않을 때가 대부분이기에 글로서 서로 간의 메시지로 상대편의 마음을 알아가는 것은 어쩌면 격한 상황을 만들지 않는 방법일 수가 있다. 제안 글을 쓰기 위해서라도 보건교사는 글쓰기에 조금 더 익숙해져야겠다.

글쓰기가 보건교사의 자존감을 지켜준다

    학교에서 보건교사는 대부분 1명이다. 1명이기에 가끔 황당한 일을 겪는다. 일반교사들은 서로 이해의 폭이 넓다. 교사 간 업무 이동이 있어서, 다른 교사들에 대해서 이해도가 높다. 학년 부에서 담임교사를 했던 교사가 교무부장이 되었다. 담임교사일 때 교무부에서 요구하는 협조 건에 마음은 있지만, 열심히 도와주지 못했던 교사였다. 하지만, 교무부장이 되고 보니, 자신 같은 교사가 얼마나 비협조적으로 보이는지 이해하게 된다고 한다. 의도는 없지만, 그래도 교무부의 일이 다른 부서보다 더 많기에 그렇게 정해진 날짜에 협조하지 않는 교사에게 섭섭한 마음이 드는 것은 어쩔 수가 없다. 만약, 그 교사가 다음 해 다시 담임교사의 역할을 맡게 된다면 바쁜 교무부 일에 더 신경을 써서 도와주게 될 것이다. 하지만, 보건 업무를 다른 교사가 맡지는 않는다. 왜냐하면 보건교사는 의료인이어야 하기에 일반교사가 보건 업무를 할 수가 없다. 학교에서 의료인은 보건교사를 제외하고 아무도 없다. 그래서 보건교사의 일을 일반교사들은 잘 모르고 잘 이해도 못 한다. 그저 넓은 보건실에서 책상에 앉아 우아하게 컴퓨터 화면을 보고 있다고 잘 못 알고 있다. 코로나19 팬데믹을 통과하면서 그래도 보건교사의 노고와 그 역할의 중요성을 인지하는 교사들이 많아졌지만, 그래도 세세한 부분까지는 잘 모르고 있다. 그래서 가끔 보건교사에게 무례하게 느껴질 정도의 요구를 하는 일도 있다. 그것에 대해서 말을 해도 그것이 무슨 문제이냐?, 학교 운영이 더 중요하지, 학교의 건강이나 보건이 뭐 그리 중요한가? 하는 뉘앙스로 답변해 온다. 그럴 때, 보건교사는 외로워진다. 이해도가 떨어지는 상황에서 어디서부터 어떻게 설명해야 하나? 혹시, 학교 건강에 해가 생기지는 않을까? 수많은 생각들이 마음을 불편하게 한다. 무심하게 하는 일반교사의 행동 하나로 자존감이 떨어진다.

"수능 당일, 후송차 담당자를 보건교사로 정하려고 합니다."

교무부장 교사가 보건실을 찾아와서 말했다. 관리자와 상의해서 이렇게 하기로 했다고 통보식으로 말했다. 보건교사로서 황당한 일이 아닐 수가 없다. 너무 당황스러워서 나는 머리가 혼란스러웠다. 학교에 근무 서는 동안 이런 경우는 한 번도 없었다. 후송차 담당자는 보통 일반 교직원으로 정해진다. 교직원 한 명을 정하고 그 교직원의 차량번호를 수능 대비 체크리스트에 기록한다. 그런데, 보건교사를 후송 담당자로 정하고 보건교사 차량의 번호를 체크리스트에 기재한다는 것이다. 후송 차를 미리 준비하는 것은 당장 환자가 발생하면 바로 후송하여야 한다는 의미는 아니다. 수능 날, 앰블런스가 학교에 대기하고 있다. 그 앰블런스에 문제가 발생했을 때, 후송차 담당자가 운전해서 학생을 후송한다는 시나리오이다. 앰블런스가 있기에 후송차가 나설 상황은 거의 없겠지만, 만약을 대비해서 후송 담당자를 정했다. 나는 고민했다. 그냥 조용히 있어야 할까? 아니면 그것은 그렇게 하면 안 된다고 보건교사로서 나서서 이야기해야 할까? 보건교사는 초응급 상황을 위해 항상 학교에 대기해야 하는데 만약, 초응급 상황이 발생했을 때, 병원 후송을 가야 하는데, 그때 보건교사는 운전하는 것이 아니라 병원까지 도착하는 동안, 뒷좌석에서 환자를 돌봐야 한다고 너무나 상식적인 말을 해야 할 것인지 고민했다. 관리자의 주장대로 그냥 조용히 있더라도 후송차를 운전해야 할 상황이 발생하지 않을 가능성이 99%인데, 괜히, 수능 준비한다고 긴장하고 할 일도 많은데, 나까지 나서서 힘들게 해야 할까? 라는 생각까지 들었다.

위와 같은 상황에서 보건교사는 자괴감이 들 수 있다. 환자 후송 관련 건인데, 어떻게 보건교사와 한마디 상의도 없이 후송 담당자를 정하려고 하는지 의아했다. 보건실을 찾아서 한 말은 상의가 아닌 통보였다. 결정해 놓고 통보하는 것은 보건교사의 존재감을 무시한 행동처럼 느끼도록 했다. 그래서 결국, 학교의 건강과 안전을 위해서 보건교사로서 글이라도 써야겠다고 생각하게 되었다. 말로 하기에는 너무 흥분되어서 논리적으로 이야기하지 못할 것 같았다. 이럴 때 글을 써야 한다. 글은 사람의 감정을 차분하게 하고 이성적으로 논리를 펼칠 수 있도록 돕는다. 글을 잘 써나, 못 써나 그래도 마음을 차분히 해서 하고 싶은 말을 전달 할 수가 있다. 글로 전달한 주 내용은 1. 후송 담당자는 일반교직원으로 정해야 한다. 2. 학교 내 응급환자 관리 매뉴얼 3. 특수학생이 수능 보는 시험장이니만큼 더욱 철저히 응급환자 관리 매뉴얼에 따라서 환자를 관리해야 한다. 4. 수능 준비하시느라 바쁘겠지만 오해 없이 참고해주길 바란다. 크게 4가지 차원으로 글을 작성해서 학교 내 메신저를 통해서 전달했다. 이렇게 글을 보내고 나니, 마음이 편해졌다. 보건교사로서 할 도리를 다했다는 느낌이 들었다.

보건교사라면 학교의 건강지킴이라는 소명 의식을 가진다. 그래서 개인적 이익보다는 학교의 유일한 의료인으로서 공적인 이익을 위해 움직이려는 본능이 있다. 만약, 후송 갔다가 더 위급한 환자가 발생할 수 있기에 굳이 보건교사가 따라가지 않아도 지장이 없을 것으로 판단한다면, 학교에 남는 것이 맞다. 그렇게 해서 만일의 초응급을 상황을 무난히 대응하고 학생은 물론, 학교까지도 안전하게 지켜 나가야 함을 너무나 잘 알고 있다. 그렇기에 이런 상황에서는 의료인으로 반드시 의견을 제시해야 하는 것이 의료인의 양심에 거슬리지 않는 일이 되는 것이다. 그것을 글이라도 전달했을 때, 보건교사는 비로소 안심하게 된다. 그리고 보건교사의 자존감을 잃지 않는 방법이기도 하다. 관리자라고 하더라도 의료인만큼 의료 관련해서 상황판단을 잘할 수는 없을 것이다. 의료인으로 감각은 의료인이기 때문에 갖는 직감이다. 의료인이 아니면 결코 알 수 없는 영역인데, 그 영역을 관리자란 신분으로 간과해서는 안 된다고 생각해본다. 최대한 전문인의 의견을 참고해서 학교를 운영해야 학생도 교사도 학교도 특별히 곤란한 상황에 놓이지 않게 된다고 본다. 의료인의 판단에 옳지 못하다고 여겨지는 것들에 대해서 반드시 글이라도 보내서 한 번 더 신중히 생각할 기회를 줄 수 있도록 용기를 내어야겠다.

보건교사는 보건 업무를 하면서 가끔 자존심 상하는 경우가 있다. 이럴 때는 의료인으로서 조용히 글로 작성해야 한다. 수능 날 후송 담당자를 보건교사로 지정한 사안에 대해서 만약, 그 일이 우리 학교의 일이라면 황당하다고 생각할 것이다. 그러나 협조 차원에서 그냥 수용해야 할 것인가? 고민하게 될 것이다. 학교 응급환자 관리 매뉴얼 상, 후송은 꼭 필요할 경우 보건교사가 병원으로 환자를 데리고 가는데, 그때도 운전은 일반교직원이 담당하게 되어있다. 위급한 환자인데, 운전하면서 어떻게 환자를 돌보겠는가? 앰블런스 사용에 문제가 있으면 그렇게라도 병원을 보내고 있다. 그런데, 후송 담당자를 보건교사로 지정한다는 것은 의료적인 상식이 없는 판단이다. 보건교사는 이런 일을 경험할 때, 전문가로서 조용히 의견을 제시할 수 있어야겠다. 학교에 보건교사가 존재하는 이유는 응급 대응, 감염병 대응, 기타 건강과 직접적인 부정적인 영향으로부터 방어하기 위해 존재하겠지만, 이런 건강에 영향을 미칠 간접적인 결정에서도 전문가로서 의견을 제시하라고 존재하는 것이다. 만약, 학교에서 일반적이지 않은 결정을 내렸는데, 그것을 못 본척한다면, 그다음 해에도 역시 똑같이 보건교사를 후송 담당자로 지정할 것이다. 응급 대응은 현실에 실제 일어난 것처럼 준비해야 한다. 별일 없을 것을 가정하고 응급 대비를 할 수는 없다. 그런 대비는 아무런 의미가 없다. 보건교사는 말도 못 하면 글이라도 의견제시를 해야 한다. 글로 쓸 때, 감정에 이끌리지 않고, 차분하게 의료인으로서 전문가의 생각을 전달 할 수가 있다. 글로 제안 글을 써서 전달하는 것이 결국, 보건교사로서 양심과 자존감을 지키는 일이기도 할 것이라고 확신한다.

감염병 예방 교육,
글쓰기만큼 체계적인 방법이 없다

"감염병 예방 교육"

이 문구를 보니, 얼마 전에 끝난, 코로나19 팬데믹이 생각난다. 전 세계적으로 코로나19로 인해 큰 진통을 앓았다. 기억으론 2019년 말에 시작되어 한국에서는 2020년 초에 전 나라에 코로나19의 영향을 받았다. 이때는 예방주사가 계발되기 전이라 백신 접종도 받지 못하고 죽는 사람까지 많았던 시기였다. 코로나19에 걸리기라도 하면 죽을 것 같은 두려움이 있었다. 학교에서도 마찬가지였다. 확진자가 발생하지 않기를 바라면서 주변 학교의 동향을 매일같이 긴장된 마음으로 지켜보았다. 나는 코로나19가 한

참 기승을 부리고 있던 2021년에 4년 만에 복직했었다. 4년을 보건 업무에 손을 놓은 상태라 다시 보건 업무에 적응하는데 쉽지 않았다. 나의 친언니는 4년 동안 육아휴직을 하는 것을 보고, 드디어 직장을 그만두나보다고 생각했다고 한다. 친언니도 간호사 출신으로 대학병원의 수간호사로 그 당시 근무를 서고 있었다. 병원 같은 곳에서는 간호사들이 1년만 쉬었다가 출근해도 병원에 적응을 못 한다고 했다. 그 실상을 너무도 잘 알고 있었기에 언니는 아무리 학교라지만 4년 동안 쉬면 적응하는 데 무리가 있을 것이라고 혼자 생각했다는 것이다. 나는 이런 부분을 미처 생각해보지 않았다. 아무리 휴직이라도 휴직 전에 쌓아온 경륜이 있으니, 크게 문제가 안 될 것으로 생각했다. 하지만, 코로나19까지 겹친 상황에서는 정말 쉽지 않았다. 그래도 사람의 잠재된 능력의 힘은 크다고 생각하게 되었다. 보건교사로서의 일상적인 업무는 뒤로하고, 코로나19 대응에 모든 기운을 집중했었다.

코로나19 대응 때, 어쩌면 가장 힘든 보건 업무 중의 하나가 예방 교육일 것이다. 확진자가 발생했다면 보건소에 연락하고 검역관이 정한 밀접 접촉자 명단을 참고해서 환자 분류하면 그것에 맞춰서 처리하면 된다. 초창기에는 확진자 발생 시 보건소에서 직접 학교를 방문해서 선별진료소 설치했고 코로나19 검사를 시행했었다. 그때, 천막을 준비하고 학생과 교직원 학부모 제외한 전 구성원의 명단을 출력해서 보건소 직원이 오는 대로, 준비한 명단을 건네고 검사를 바로 진행할 수 있도록 도왔다. 하루, 이틀만 바짝 바쁘면 그다음부터는 시간이 해결했다. 하지만, 예방 교육은 끝이 없다. 코로나19가 완전히 끝난 지금까지도 감염병 예방 교육은 계속 이어지고 있다. 아마도 보건교사에게 가장 끈질기게 따라다니는 업무가 바로 예방 교육이지 않을까 생각해본다.

안녕하세요

시험 기간이라 코로나19 확진자가 발생하지 않길 바라지만

코로나19 바이러스는 언제든 활동하고 있습니다.

가장 최근 코로나19 감염예방 관리 안내 공문(제9-1판)

공유해 드립니다.

확진자 발생 시 한 번 더 확인해야 할 관리법은

확진자 격리기간은 7일간이고(방역 기관 격리 통보 메시지 확인)

확진 시 자가 진단 앱에 확진자 등록 여부 확인 및 지도

(담임교사 협조 사항), 확진 반은 특별히, 개인위생(손 소독, 환기, 기타)

신경 써 주시길 부탁드립니다.

*격리 해제 후 3일간 주의 권고 기간으로 KF94 마스크 상시 착용, 감염 위험도 큰 시설 (다중이용시설, 감염 취약시설 등) 이용(방문) 제한, 사적 모임 자제.

위의 메시지는 코로나19가 마무리되어갈 때 보낸 메시지이다. 코로나19가 완전히 끝난 것이 아니기에 감염병 예방에 관련된 내용을 계속해서 보내고 있다. 이것은 코로나19가 조금 뜸해졌을 때, 격리기간이 헷갈리기 시작했다. 상황에 맞춰서 지침은 계속 바뀌었고, 보건교사가 아닌 일반교사들은 더욱 우왕좌왕했었다. 이럴 때 보건교사는 중심을 잡고, 공문 자료를 찾아서 확실하게 메시지를 보내주어야 한다. 교무부에서도 보건교사의 답변을 바탕으로 감염병 관련 출결사항을 다시 전달한다. 보건교사는 항상 중요 공문을 따로 파일로 만들어서 저장해두었다가 가끔 이런 질문이 들어오면 다시 한번, 확인하고 전체메시지를 보내주면 된다. 감염병 관리는 예방 교육도 끝없이 시행해야 하지만, 이런 지침에 대한 안내도 수시로 해야 한다.

〈엠폭스 '주의' 단계 안내〉
코로나19가 잠잠해지는가 싶더니, 이제 엠폭스(원숭이 두창) 환자가 증가

하고 있다고 합니다. 위기 경보 수준은 '관심'에서 '주의' 단계로 격상되어 예방에 특별히 주의가 필요합니다.

아래 가정통신문 참고하시어 반 학생들에게 엠폭스 예방 및 행동 요령에 대한 지도 부탁드립니다.

*참고로 요즘, 독감 및 감기 환자도 많습니다. 주 증상은 기침, 가래, 인후통입니다. 인플루엔자 바이러스에 감염되지 않도록 개인위생(마스크 착용, 손 씻기)에 신경 써 주시기 바랍니다.

얼마 전에는 '엠폭스'란 감염병 주의보가 내려졌었다. 자세히 알지 못하는 감염병이 어느 순간 우리 곁으로 다가와 있다. 이것은 무슨 병인지 발생할 때마다 따로 공부해야 한다.

엠폭스는 원숭이 두창이란 말로 해석이 되고, 이것에 대한 학교 구성원들에게 교육이 실시되었다. 학부모를 대상으로 하는 교육은 가정통신문이 가장 수월한 방법이다. 과거에는 종이로 직접 아이들 편에 전달했는데, 요즘은 모두 스마트 폰으로 전송된다. 학교알리미나

기타 앱들이 발달하여 굳이 종이로 보내지 않고 핸드폰을 통해서 간단히 확인하도록 한다. 세상이 너무나 편하게 변했다. 일하기도 수월해졌다. 하지만, 쉽지만 이것도 잘 활용할 때, 일하는 사

람은 물론이고 읽는 사람도 유익해지는 것이다. 어찌하였든, 보건교사도 이런 전달 방식에 익숙해져야 시대에 부응하게 된다. 나이가 많은 사람이나 젊은 사람이나 누구나 공부하고 배워야 할 이유이다. 글쓰기 또한 모든 보건교사가 갖추어야 역량이 되어가고 있다. 글쓰기가 보건 업무의 기본이 되어가는 것이다.

감염병 예방 교육은 보건교사에게 가장 기본적이면서 핵심적인 일이 되었다. 전 세계가 하나의 이웃처럼 가까워지면서 감염병은 수시로 발생하고 있다. 앞으로도 코로나19 같은 팬데믹이 또 찾아올 것이라고 전문가들은 예견한다. 누구나 이 부분에 대해서는 이견이 없다. 감염병에 대해서 항상 관심과 관찰을 늦추어서는 안 되고 보건교사라면 감염병 대응에 대한 역량을 평상시 키워야겠다. 현재는 독감이 기승을 부리는 시기이다. 독감 검사 후 독감이 확진되면 타미플루를 처방받는다. 요즘에는 링걸 주사액 한 대면 독감이 빠르게 완쾌된다고 한다. 나는 실제 맞아보지 않아서 뭐라고 말하기는 그렇지만, 아무래도 너무 급작스럽게 완쾌되는 것은 몸에 무리가 가지 않을까 싶다. 독감에 안 걸리도록 조심하고 예방법에 대해서 자세히 알고 실천하는 것이 가장 중요하겠다. 독감뿐 아니라 다른 감염병도 마찬가지이다. 그래서 보건교사는 학교 내 구성원이 감염병에 걸리지 않도록 수시로 감염병 예방 글을 써서 학교 메신저를 통해서 교직원들에게 알리고, 학부모나 학생들을 위해 글을 써서 가정통신문을 만들어 배포한다. 예방 교육에 있어서 이젠, 글쓰기가 가장 기본적인 방법이 되고 있다. 글쓰기는 어쩌면 예방 교육에 있어서 가장 쉬운 방법이라 할 수 있다. 주기적이고 반복적인 교육이 또한, 가능하니 글쓰기로 모든 예방 교육을 하고 있다고 해도 과언이 아니다. 얼굴 보고 직접 말로 했었던 보건 업무처리 방식은 이제 지났다. 예방 교육에서만큼은 글쓰기가 가장 체계적인 방법이란 생각을 안 할 수가 없다.

글 쓰며 학교 건강을 지키는 시대이다

안녕하세요

수업 중에 학생이 보건실 이용을 원할 때,

보건실 이용을 허락하는 〈보건실 이용허가증〉을 챙겨서 보내주시면

보건실 처치 후, 퇴실 시간을 기록해서

보내드립니다. 학생의 건강과 안전을 위해

시행하고 있으니 협조 부탁드립니다.

　수업 중, 보건실을 이용하는 학생들이 많다. 보건실을 핑계로 다른 곳을 가는 학생 또한 많다는 것을 알게 되었다. 사건 사고 사례 중에 보건실 방문을 핑계로 수업 중 교과 교사에게 구두로 허

락을 득한 후 교실을 나왔다가 학교 밖까지 나가서 교통사고가 난 경우가 있었다. 사망사고까지 난 경우도 있었다니, 이 책임은 그 시간 교과 교사에게 돌아간다. 가장 피해를 보는 것은 학생 본인이다. 허술한 학교 시스템으로 호기심 많은 학생이 나쁜 마음을 먹게 되었고 복도를 배회하다가 결국, 학교 밖까지 무단으로 이탈하여 사고 났으니 학교에서도 전혀 책임이 없다고 할 수가 없다. 그래서 학교에서 이런 상황이 발생하지 않도록 〈보건실 이용허가증〉이란 것을 만들게 되었다. 수업 중에 보건실을 가려면 무조건, 교과교사의 허락을 득한 후 허가증 지참해서 보건실을 방문해야 한다. 일부 교사는 수업에 방해가 된다는 이유로 싫어하는 일도 있지만, 학생 관리 측면, 학생의 생명과 건강을 지키는 방안으로 시행하고 있다. 아마도 대부분의 학교에서 수업 중 보건실 이용 시 방문증 제도를 시행하고 있을 것이다. 이때, 교실 나온 시간과 보건실 나간 시간을 정확히 기록할 수 있도록 허가증에 표시한다. 이 종이 쪼가리 하나로 수업 중에 복도를 어슬렁거리는 학생이 거의 사라졌다. 그런데, 이 중요한 허가증을 교과교사가 안 챙겨주고 "그냥 보건실 갔다가 와라."라는 교사들이 가끔 있다. 그래서 학기 초 3, 4월에는 메시지 글을 보낸다. 교사도 학교가 바뀌면 학교에 적응하는 시간이 필요하다. 그때까지 중요한 부분은 반복해서 메시지 글로 써서 전 교직원들이 인지할 수 있도록 한다.

안녕하세요

건강조사 설문지를 통한

1차 요보호 학생 명단을 공유해 드리니

교육활동에 참고하여 주시기 바랍니다.

*학생 프라이버시보호를 위해 메시지 확인 후 삭제하여 주시길

부탁드립니다. *비번은 91188입니다.

*금일, 1학년부터 점심시간을 이용해서 건강 면담 시행 예정입니다. 면담이 늦어질 수 있음에 양해 부탁드립니다.

*2학년-목요일, 3학년-금요일 예정, 명단은 금일 오후에 보내드리겠습니다.

새 학기가 시작되는 3월, 보건교사가 가장 먼저 하는 것이 요양보호자 파악일 것이다. 신입생 중에 학교에서 특별히 신경 써야 할 건강상 문제를 가진 학생들을 파악하는 것이다. 2, 3학년 학생들도 함께 건강 설문조사를 실시한다. 작년에는 이상이 없었으나 새롭게 질병이 생기는 일도 있기 때문이다. 대표적인 질병은 당뇨병, 우울증, 기타 질병이다. 당뇨병도 새롭게 발생하여 당황스

러웠을 때가 있었다. 정말 멀쩡한 아이인데, 어린 나이에 당뇨병이라니? 남의 일 같지 않아서 좀 더 신경을 쓴 일도 있었다. 그래서 2학년, 3학년 학생의 건강조사서 작성도 필수로 해야 한다. 그런데, 요양보호자 조사를 위한 설문조사가 생각 외로 시간이 오래 걸린다. 학생들이 설문지를 받고 3~4일 이내에 담임에게 제출하라고 하지만 학생들이 바쁘기도 하고 때론 잊어버려서 취합이 잘 안 된다. 그래서 건강조사서 취합하는 작업만 해도 1주일, 2주일의 시간이 걸린다. 그런데 가끔, 특별히 학부모가 자기 아이의 좋지 않은 건강 상태를 미리 알려주는 경우가 있다. 담임에게 알려주거나 보건교사에게 바로 연락하는 경우가 있다. 이럴 때, 교직원에게 글로 내용을 보내서 특별히 그 학생에 대한 정보를 미리 제공한다. 그리고 건강조사서가 반별로 도착하면, 일차적으로 건강조사서를 보고 상담이 필요한 학생 명단을 작성한다. 그 명단을 바탕으로 직접 대면 상담을 시행하는데, 1차에서 먼저 걸러진 학생에 대한 정보를 교직원에게 보내는 일도 있다. 안 보낼 수도 있지만 먼저 한번 보내주면 특별히 관리할 학생들에게는 신경을 더 써서 안전한 교육활동을 할 수가 있다. 메시지 보내는 시스템이 너무 잘 갖추어져 있어서 글로 소통이 바로바로 되어 만일의 응급 상황이 생기지 않도록 주의할 수 있다.

늦은 출산으로 육아휴직을 4년 동안 하면서 나는 책 쓰기에 도전했었다. 그 당시, 심신이 힘든 상황이었는데, 뭔가 새로운 판이 이루어져야 힘든 상황을 상쇄하고 변화가 생길 것으로 생각했다. 그래서 지금보다 더 어렵게 느껴지는 일을 찾았다. 그것이 바로 책 쓰기였다. 나 자신이 책을 써서 작가가 될 가능성은 "0"이라고 생각했다. 그랬기 때문에 나는 그 일에 도전했다. 설마, '지금보다 더 힘들겠어? 어디 한번 해보자.'란 마음으로 책 쓰기 시작했다. 하지만 긴 글을 써보지 않은 나는 어떻게 해야 긴 글을 쓸 수 있을지 난감했다. "긴 글을 어떻게 쓸 것인가?"라는 새로운 문제가 그 당시 힘들게 했던 나의 개인적인 문제를 대체했다. 모든 것에서 벗어나서 오로지 긴 글쓰기를 해결하기 위해 노력했다. 노력한 만큼, 답을 찾았는데, 그것이 바로 "자판 필사"였다. 자판 필사를 통해서 글 쓰는 손가락 근육이 만들어지고 글 쓰는 몸이 형성되어 갔다. 뇌 속에서도 긴 글쓰기의 도로가 점점 넓혀져서 고속도로가 형성되어 갔다. 그렇게 새롭게 세팅된 내 몸이 책 쓰기에도 글쓰기에도 자신감을 가질 수 있게 했다. 복직 후, 이 자신감으로 코로나19 시국에도 당당히 학교 감염병 대응에 주눅이 들지 않을 수가 있었다. 이 모든 것들이 글쓰기의 힘이라고 나는 생각한다.

요즘은, 뭐라 해도 글을 쓰면서 보건 업무를 해야 할 때이다. 보건교사가 글을 스스로 편안하게 쓰는 것은 보건 업무를 위해서도 필수사항이 되었다. 언제까지 글쓰기를 나와는 상관없는 일이라고 옆으로 치워둘 것인가? 이제는 선택의 여지가 없다. 글쓰기는 반드시 극복해야 할 보건교사의 숙명이다. 글쓰기 연습, 막상 해보면 그렇게 어렵지 않다. 우리가 어떤 일을 해야 하는데, 하기 직전까지 두렵고 되도록 피하고 싶은 마음이 있다. 대부분 보건교사에게 글쓰기도 그런 대상일 것이다. 상상이 상상을 낳고 그 상상이 더욱 우리를 가치 있는 글쓰기로부터 멀어지게 한다. 부정적인 상상은 접어두고 이제는 그저 써보겠다는 결단을 내려보자. 복잡한 감정을 뒤로 하고 직접 행동해보면 된다. '힘들면 얼마나 힘들겠어?', '그 어려운 고비들을 수없이 넘기고 보건교사란 자리까지 왔는데.' 하는 생각을 한다면 글쓰기 능력 키우기도 어렵게 느껴지지 않을 것이다.

이제, 글 쓰며 학교 건강을 지키는 시대가 되었다. 글 쓰는 보건교사와 글 쓰지 않는 보건교사는 업무의 능률 면에서 차이가 날 것이다. 무엇보다, 보건교사 스스로 글쓰기로 소통하기를 즐긴다면 보건 업무가 훨씬 수월해진다. 요즘은 대부분 글로 소통하는데, 이 글쓰기가 쓸 때마다 부담이 된다면 일하기가 쉽지 않을 것이다. 메시지 글 한번 잘못 썼다가 메시지 전송 버튼을 누르는 순간, 여러 통의 전화를 받은 경험이 한 두 번은 있었을 것이다. 꼭 써야 할 내용을 놓치지 않으면서 어미의 표현을 주의해서 적어주어야 한다. 말에도 뉘앙스가 있지만, 글에도 쓴 사람의 마음이 드러나는 뉘앙스가 있다. 그런데 글을 자주 쓴 사람은 이런 뉘앙스에 주의해서 쓰는 것이 조금은 더 익숙하다. 같은 메시지의 내용이라도 끝말을 어떻게 맺느냐에 따라 글을 읽고 난 뒤, 마음에 남는 여운이 달라진다는 것을 알고 여러 가지 표현방식으로 글을 마무리하는 것이다. 이런 감각에 익숙하지 않는다면 글쓰기를 차라리 안 한 것보다 못하다고 생각하게 된다. 그래서 글이 편하지 않으면, 되도록 글을 쓰지 않고 전화를 하게 된다. 글쓰기에 대한 부담감을 없애는 것이 보건교사로서 행복하게 일하는 방법이지 않을까 생각할 정도로 그 비중이 커졌다는 사실을 이제는 인지해야 한다. 글을 꼭 잘 쓰지 못하더라도 보건교사 자신이 어떤 상황에서도 편안하게 핵심 내용을 넣어서 쓸 수 있으면 되는 것이다. 글 쓰는 보건교사에게는 이제는 선택사항이 아니란 것을 기억하길 바란다.

2장

글 써야 할 때, 보건교사가 느끼는 심정은?

가급적 글은 쓰고 싶지 않다

보건교사가 하기 싫어하는 일은 무엇일까? 나의 경우, 타 교무실 방문이다. 특히, 학년 부 교무실을 방문했을 때, 사람이 들어오는지 나가는지도 모르고 컴퓨터를 쳐다보며 자기 일만 하는 교사가 대부분이었다. 교사들이 하는 일이 많다는 것은 이해한다. 특히, 담임교사는 아이들 관련해서 챙겨야 할 일들이 많아서 더욱 바쁘다는 것도 잘 안다. 하지만 그래도 인사 정도는 서로 나누면 좋지 않을까 생각하곤 했다. 하지만, 교무실이란 곳이 워낙 사람들이 들락거리는 곳이기에 주의해서 잘 보지 않는다. 그래도 인사가 없으면 서먹한 것은 어쩔 수가 없다. 한두 명의 교사는 어색할 것을 생각해서 눈을 맞추고 인사하는 교사들도 있다. 그러면, 그렇게 반가울 수가 없다. 이런 것을 경험하면서 나는 보건실을 찾는 교직원들에게 정말 친절해야겠다고 생각했다. 말 한마디라도 더 건네고, 다른데 아픈 곳은 없는지 질문해본다. 그러면, 정말 아픈 사람은 학교의 유일한 의료인인 보건교사에게 이것저것 건강상 궁금한 점을 이야기한다. 특별히, 문제 해결을 하지 않아도 그렇게 말을 하면서 스스로 답을 찾기도 하면서 마음 또한, 훈훈해진다. 일반교사들도 악의적으로 인사하지 않는 것은 아니라는 것을 안다. 그래도 나는 되도록 학년 부 교무실 방문이나 다른 교무실 방문은 잘 안 하게 된다.

글쓰기에서도 이런 감정이 있을 수가 있다. 되도록 글을 안 쓰고 싶은 마음이다. 사실, 글쓰기에 익숙한 사람은 그리 많지 않다. 우리나라가 특히, 글쓰기를 강조하는 나라가 아니다. 대부분 사람은 학창 시절에 글쓰기에 대해서 배운 경험이 거의 없을 것이다. 개인적으로 책 읽기, 글쓰기를 좋아하는 사람도 있긴 하지만, 그런 경우는 일반적이지 않다. 국어 교사도 글쓰기를 자신감 있게 하는 사람이 많지 않을 정도이니 다른 사람은 어떨지 짐작이 가고 남는다. 국어 교사가 아닌, 보건교사가 글쓰기에 익숙하다면 그것은 정말 복을 타고난 사람일 것이다. 보건교사 대부분이 글을 써서 일해야 하지만 글쓰기에 대해서는 여전히 편한 마음이 아니다.

되도록 글을 안 쓰는 방향으로 보건 일을 하려고 하니, 소통의 아쉬움이 남게 된다.

보건교사들의 자존심을 무너뜨리는 것이 아마도 다면평가이지 않을까 생각해본다. 지금은 학교에서 일반교사와 함께 평가받지 않는다. 하지만, 과거에는 학교 내에서 일반교사와 함께 평가를 받았다. 함께 받았기 때문에 기준도 하나였다. 그 기준은 주로 보건교사를 위한 기준이 될 수가 없었다. 학교 교사 구성원이 대부분은 일반교사였고 보건교사는 한 학교에서 거의 혼자이기 때문이다. 기준이 일반교사의 하는 일에 맞춰서 세워졌기 때문에 당연히 불리한 상황이 될 수밖에 없었다. 그 당시, 나는 생각했다. "이런 불합리한 평가를 받으니, 차라리 다면평가가 없어졌으면 좋겠다. 성과상여금 안 받아도 된다. '무너지는 자존감의 대가로 받는 성과상여금은 아무 의미가 없다. 병 주고 약 주는 것이나 무엇이 다르겠는가?'라고 생각했다. 비교과 교사들에게 이런 크나큰 상처를 주어서 될까?" 하고 항상 되뇌었다. 비교과 교사의 이런 불평이 밖으로 목소리를 내기 시작하자 해마다 기준안을 정하는 위원회에 비교과 교사를 1명씩 참석하도록 하여 기준안을 정하라고 공문으로 지침이 내려왔다. 위원회에서 역시 비교과 교사는 1명이었다. 비교과 교사에게 조금의 유리한 기준안을 정하려고 하면 다른 일반교사들의 반대가 강해, 결국, 비교과 교사의 다면평가 위원회 참석은 별 의미가 없었다. 이래저래 자존감이 떨어지는 상황이었다. 그래도 지금은 교육청에서 비교과 교사의 평가점수를 취합해서 비교과 교사끼리 평가를 하니 그나마 덜 억울한 상황이다.

  학교마다 비교과 교사의 다면평가 기준안이 달라 평가의 신뢰성이 떨어지는 면이 없다고 볼 수도 없다. 어떤 학교는 어차피 일반교사와 평가를 하지 않고 교육청으로 보내는 것이기에 자기 학교의 비교과 교사를 챙겨주자는 의도로 점수를 후하게 줘서 보내기도 한다. 하지만, 어떤 학교에서는 비교과 교사가 일반교사와 달리 평가받는다는 자체도 모르는 경우가 있다. 한마디로 그렇게 관심이 없는 것이다. 설마 그럴까? 하는데, 다면평가 심사위원 중에서 이 사실을 잘 모르기에 다면평가 회의에 참석하는 비교과 교사는 반드시 이 사실부터 먼저 알려야 된다고 본다. 몇 년 전에 보건실에서 비교과 교사가 모였다. 다면평가 기준안을 정하기 위해 함께 상의했다. 다행히 비교과 교사를 챙기는 다른 학교의 평가기준안의 자료를 확보할 수 있어서 그것을 공유했고, 다면평가 위원회에 참석하는 교사에게 자료를 주어 그것에 대해서 공감을 얻고 결국, 우리 학교도 비교과 교사에게 후한 점수를 매길 수 있는 기준안이 통과되었다. 그때는 다면평가에 대한 개인적인 의견에 대해서 글을 썼었다. 회의에 참석하는 비교과 교사는 따로 있었지만, 그래도 나의 글로 인해 조금은 유리한 기준안이 정해지는데, 도움이 되지 않았을까 생각한다.

글쓰기를 자주 하면 여러 가지 면에서 보건교사는 도움을 받는다. 편하게 쓰면 된다. 달필가만이 글을 써야 하는 것은 아니다. 글을 써야 할 상황이니까 그냥 쓰는 것이다. 이것이 어려울 수 있다. 잘하지 못하면 하기 싫어지고 하기 싫어지면 해야 하는 상황에서도 당연히 피하고 싶다. 하지만, 우리가 말을 잘해서 하는 것이 아닌 것처럼 글쓰기도 말하듯이 필요해서 그냥 한다고 생각하고 쓰면 되는 것이다. 그러다 보면, 글쓰기를 하지 않을 때보다는 훨씬 긍정적인 결과들이 일어난다. 조금만 주의해서 글쓰기를 한다면 확실히 업무와 개인적인 삶에 변화가 일어나고 도움이 된다. 글을 쓰고 싶지 않더라도 편하게 자주 써야 하는 이유는 다음과 같다.

첫째, 생각 외로 진심이 글로 인해 전달된다.

표현하지 않았을 때, 오해가 생긴다. 말 한마디로 소통할 수 있는데, 글로 조금 길게 쓰면 웬만하면 이해되고, 좀 더 친근하게 느낄 수가 있다. 글쓰기를 힘든 일이라고만 생각하지 말아야 할 이유이다. 글쓰기라도 할 때, 진심은 통하는 것이다. 개인에게뿐 아니라 단체에도 한편의 글을 통해서 진심이 전달되는 것이다.

둘째, 표현하지 않는 것보다는 글이라도 표현하면 소통이 된다.

글쓰기를 어려워한다면 글 쓰는 자체를 아예 안 하려고 한다. 하지만, 이것이 얼마나 전체를 위해서 그리고 자기 자신을 위해서 손해인지 모른다. 그 사실을 깨달아야 한다. 표현할 때, 상대방은 나를 이해하고 나의 업무에 인사이트가 생긴다. 업무 할 때, 얼굴 보면서 말로 하기는 점점 어려워진다. 글만이 소통의 대세가 되어가는 현 상황이다. 글로 표현하고 글로 소통하는 능력을 키워나가야 한다.

셋째, 글을 씀으로써 원하는 결과를 얻을 수 있다.

다면평가, 보건교사라면 비교과 교사로서 영원히 해결되지 않을 것 같은 느낌을 받는다. 중압감이 느껴진다. 하지만, 거대한 산의 이동도 밑에서부터 조금씩 흙을 퍼다 나르면 결국에는 원하는 곳으로 이동할 수 있다. 글쓰기는 산 밑에서 조금씩 흙을 퍼다 나르는 것과 같은 효과를 내 삶에서 발휘한다. 그래서 어떤 상황에서도 내 진심이 전달되어 원하는 결과를 얻을 수가 있을 거라고 본다.

넷째, 얼굴 보지 않고 말하는 글, 이것을 활용하는 삶은 달라진다.

글쓰기의 가장 큰 매력은 뭐니 뭐니해도 얼굴을 보지 않아도 의사를 표현할 수 있다는 것이다. 서로 얼굴 보기 바쁜 세상에 이것처럼 매력적인 소통의 수단이 없는 것이다. 물론, 부수적인 수단으로 활용하면 좋다. 글쓰기를 위주로 소통하다 보면 대면 만남이 또 소홀해질 수 있다. 글쓰기를 적절히 내 삶에 활용할 수 있다면 삶이 풍성해진다.

되도록 글을 쓰지 않으면서 보건 업무하고 내 소중한 삶도 살아가고 싶을 것이다. 왜냐하면 글 쓸 기회가 그동안 거의 없어서 쓰는 것이 어색하다. 개인적으로 특별한 계기가 있지 않고는 글을 쓰지 않아도 삶을 사는 데 크게 지장이 없었다. 그러니, 말로 소통하면서 살게 된다. 보건 업무를 할 때도 마찬가지다. 전화를 해서 말하고 즉각적인 답변을 얻어서 일한다. 하지만, 지금은 너무나 할 일이 많다. 한 가지 일만 하고서는 살 수가 없다. 보건 업무를

할 때도 여실히 느낀다. 요보호자 상담을 하면서 아프다고 보건
실을 찾는 아이들을 처치해 주어야 한다. 급한 것을 먼저 처리하
고 했던 요보호자 상담을 계속 이어간다. 그런데, 수업 종이 치고
그 학생이 원한다면 수업을 듣고 다시 방문하라고 한다. 그럼, 그
학생의 면담이 마무리되지 못한다. 내 시간이 된다고 해서 일들을
한꺼번에 해결할 수 있는 것은 아니다. 물론 혼자 하는 일은 가능
하겠다. 하지만 직장에서 하는 일은 혼자서 하는 일보다는 함께하
는 일이 아마도 더 많을 것이다. 그렇기에 글로 쓰고 싶지 않더라
도, 글쓰기를 최대로 활용해야 한다. 그래야 보건 업무도 할 수 있
고, 보건교사의 삶을 조금은 더 행복하게 유지할 수 있다.

글을 써야 할 상황이 되면 긴장한다

코로나19 상황 때 보건교사는 메시지 글을 많이 썼다. 되도록 대면 모임을 하지 말았어야 했기에 당연했다. 얼굴을 보지 않고, 업무를 해야 하기에 소통 수단이 글이 될 수밖에 없었다. 다행스럽게도 글 쓸 수 있는 직장 내 시스템은 아주 잘 갖추어져 있다. 코로나19 관련해서 담임들에게 협조 메시지 글을 보냈다.

"안녕하세요. 코로나19 감염병 예방을 위해 반별 예방접종 상황을 알려주시길 바랍니다."

코로나19 상황에서 별 특별하지도 않은 내용이었다. 이런 메시지를 보내게 된 이유는 예방접종이 코로나19 발병이나 확산을 어느 정도 차단하는 효과가 있다는 사실이 증명되면서 향후 학교 내 코로나19 관리를 위해 필요하다는 판단하에 실시하게 되었다. 그런데, 이 메시지를 받고, 한 담임교사로부터 전화가 왔다.

"선생님, 담임교사들이 얼마나 바쁜데, 이런 것까지 조사해서 보건실에 알려주어야 하나요?"

한마디로 몹시 당황케 하는 전화였다. 담임교사가 바쁘다는 것은 인정하지만, 코로나19 상황에서 보건교사는 괜히 필요도 없는데 이런 협조 부탁을 했겠는가? 엄밀히 말하자면 담임교사보다 전교생을 대상으로 감염병 예방과 대응을 총괄하는 보건교사가 훨씬 바쁜 상황이었다. 어디에 주안점을 두느냐에 따라서 판단이 다른데, 그 담임교사는 자신을 기준으로 판단했기 때문에 그런 전화를 했다 본다. 보건교사의 입장을 단 한 번이라도 생각했다면 그렇게 경솔하게 전화하지 않고 한 번 더 생각했을 것 같다. 그러고 나서 그 교사는 5분도 지나지 않아 다시 메시지 글을 보냈다.

"보건 선생님에게 상처를 드린 것 같아서 죄송합니다."

이 글을 보니, 더 황당했다. 누가 누구에게 상처를 줬다는 의미인가? 내가 상처를 받았을 것이란 가정은 또 어디에서부터 나온 생각인지? 이 자체를 보고도, 여전히 자기 생각만 하면서 살고 있다고 판단할 수 있었다. 상처를 줄 만한 말을 본인이 했다는 것을 스스로 인정하는 듯 보였다. 그 이후, 그 담임교사는 학년 부장이 되었고, 여전히 이해할 수 없는 행동을 여러 번 하고 있어서 안타까웠다. 보건교사는 사람 공부를 많이 한다. 나이를 먹었다고 그 나잇값을 누구나 하는 것은 아니다. 누군가를 가르치는 선생님이란 직업을 가졌다고 누구에게나 모범이 되고 깨달음을 주는 것은 아니라는 사실을 또 느끼게 되었다. 이런 황당한 상황을 경험하면서 메시지 글쓰기가 더욱 조심스럽고, 긴장되었다.

보건교사가 쓰는 메시지 글의 주제가 다양하다. 특별히, 업무협조를 구하는 글을 쓸 때, 더 긴장하게 된다. 단 한 번이라도 자신이 쓴 메시지 글로 질문 공세나 전화 공세를 받았다면 글쓰기가 더욱 스트레스 상황이 된다. 코로나19 상황 시 검사키트 배분 관련해서 메시지 글을 쓸 때, 나는 스트레스를 받았던 것 같다. 코로나19 감염되었는지 신속하게 항원 검사를 스스로 할 수 있는 검사키트를 교육청에서 학교로 배부했었다. 그런데, 방학 기간에 내려온 검사키트를 개학하는 날 배부하자고 관리자는 강조했다. 방학 기간이라 더욱 난감했지만, 그래도 어떡하겠는가? 우선, 보건이 생활 인권부 소속이었기 때문에 생활 인권부 부장과 상의해서 급하게 메시지를 보냈다. 그리고 부장은 부장과 관리자가 있는 단톡방에 이 사실을 공유했다. 이것에 대해서 거부반응을 보이는 교사들도 분명히 있었을 것이다. 왜 방학 기간에 키트를 소분해야 하는가? 교육청에 질문할 질문들이지만 보건교사에게 한다. 이럴 때 가장 난감하다. 나도 교육청이 내려온 사항이라 하는 것이지 하고 싶어서 하는 것이 아니다. 오로지 학생들의 건강과 학교의 감염병 확산 예방을 위해서 지금, 현재로서는 그것이 답이란 생각이 있기에 협조를 구하고 메시지 글을 보내는 것이다. 그렇게 해서 결국, 학교에 나올 수 있는 사람들만 모여서 개학을 앞두고 항원 검사키트를 소분했다.

여러 권의 책을 쓰고 글쓰기를 자유롭게 하고 있다고 여겨지는 나도 협조 메시지 글은 쉽지 않다. 최대한 거부감을 덜 들게 글을 쓰기 위해 신경을 바짝 썼다. 어미 부분을 특별히 더 신경 써서 써야 한다. 말꼬리 부분에 글을 쓴 사람의 마음이 담기게 된다. 그래서 최대한 공손하면서 협조할 마음이 동하도록 부드러우면서도 예의 바르게 글을 써야 한다. 글을 많이 써봤던 사람이라면 이런 부분을 생각하고 글을 쓴다. 하지만, 글쓰기가 익숙지 않은 사람은 정보전달 위주로 글을 쓴다. 그럼으로써 그 글을 읽는 상대방의 기분을 상하게 할 수도 있다. "당신의 협조가 필요하다. 당신의 협조로 학교의 건강을 유지하고 증진할 수 있다. 훌륭한 당신이 아무쪼록 협조해 주길 바란다." 조금 과장된 것 같기도 하지만, 이런 비슷한 마음이 행간에 느껴질 수 있도록 써야 한다는 것이다. 글쓰기가 익숙하지 않은 사람들에게 이런 부분까지 신경 쓰라고 한다면 글쓰기를 포기할 수도 있을 것이다. 그래도, 글쓰기로 인해 오해가 발생하지 않도록 읽는 사람의 마음을 반드시 생각하면서 글을 써나가야겠다.

보건교사도 인간인지라 가끔 마음에 안 드는 학생을 만난다. 이런 학생들이 보건실을 찾을 때, 보건교사의 심기가 불편해진다. 자세히 찾아보면, 나름의 이유가 있다. 그 이유로 인해 결국, 그 학생에 대한 미움의 감정이 생기기도 하는데, 그 대표적인 이유가, 보건실의 물건을 공짜라고 생각하고 시도 때도 없이 사용하려고 할 경우이다. 보건실 침실도 마찬가지이다. 자신의 안방처럼 공부하기 싫으면 침대에서 자려고 하고 조금만 피곤해도 누워있으려고 한다. 그럴 때 나는 단호하게 말해 준다. "침상 안정은 보건교사의 허락을 득한 후에 사용할 수가 있단다. 침상은 달랑 4개뿐인데, 쉬고 싶은 사람을 다 쉬게 한다면 진짜로 침상 안정을 해야 할 사람이 이용하지 못할 수 있기에 양해 바란다."라고 말하면 더 이상, 말을 하지 않고 협조한다. 보건실 물건을 유독 자주 사용하려는 학생이 거의 없지만, 간혹 그런 학생이 있을 때는 한마디씩 한다. "보건실에 있는 약품이나 기타 물건들은 전교생이 고르게 사용해야 할 물건이란다. 그렇기에 한 사람이 독점하듯이 사용하면 그만큼 다른 학생들이 사용을 못 한다는 점, 기억해야 한다."라고 말하면서 요구한 물건을 주면, 다음에 참고한다. 그래도 보건교사의 말을 무시하고 '나는 보건실 물건, 쓸 권한이 있어.'란 식으로 대놓고 보건실을 드나드는 학생들이 있다. 보건실 문을 열고 그 학생이 들어오는 것을 보는 순간, 나도 모르게 "또 왔네"하는 마음이 된다. '오늘은 무엇이 필요해서 또 왔을까?' 생각한다. 그럼, 그 아이는 그런 것을 눈치채고 쭈뼛쭈뼛, 긴장한 모습으로 내 책상으로 다가온다.

내가 긴장하면 타인도 긴장한다. 직장에서 글쓰기의 목적은 원활하게 소통하면서 일을 수월하게 잘 해내기 위해서이다. 특히,

보건교사는 학교의 건강을 지키는 사람인데, 이 소통이 제대로 되지 않는다면, 어쩌면 공부보다 더 중요한 건강에 해가 발생할 수 있다. 그래서 더욱 신경을 써야 하지 않을까? 생각해 볼 수 있다. 그런데, 긴장하면 오히려 글쓰기에서 마이너스가 될 수도 있다는 것이다. 신기하게도 우리의 기분 상태가 그대로 글을 통해서 타인에게도 전달된다. 우리의 생각도 마찬가지이다. 우리의 생각이 바로 타인에게 그대로 전달되어, 말도 하지 않았는데, 타인은 내 생각을 꿰뚫어 본다. 우리의 감정들도 감염병처럼 전이가 된다. 그렇기에 글쓰기가 긴장은 되겠지만, 글쓰기의 목적을 한 번쯤 더 생각하면서 나 자신을 위한 글쓰기가 아니라 학교의 건강을 지키기 위한 글쓰기임을 인지하며 자신감 있게 글을 써야겠다. 나의 이익을 위해서가 아니라 전체의 이익을 위해 쓰는 글이 더욱 당당하게 협조 요청을 하게 한다.

메시지 글은 작성했지만 바로 보내지 못한다

보건교사는 업무를 할 때 매번, 다양한 메시지를 보낸다. 특히, 협업해야 할 업무에 관한 메시지 글일 경우에 고민을 많이 한다. 학교를 옮길 때마다 학교마다 보건교사의 업무는 조금씩 다르기에 그 업무를 어떻게 받아들여야 할지부터 보건교사는 고민스러울 때가 있을 것이다. 지역에 따라서도 보건 업무의 차이는 크다. 내가 있는 지역은 그래도 업무 정리가 잘 되어서 다른 지역보다 보건교사들의 만족도가 높은 편이다. 행정실과 보건실이 애매하게 연결된 업무들이 많아서 주로 행정실과 신경전을 벌이는 경우가 많은데, 요즘은 꼭 그렇지도 않다. 왜냐하면 건강이란 키워드는 모든 부서와 관련이 있기 때문이다. '코에 걸면 코걸이 귀에 걸면 귀걸이'라는 표현이 딱 맞는 보건 업무, 하지만, "학교 건강"이란 목표를 위해 의료인으로서 건강과 직접적인 관련 있는 중요한 일에 집중해야 한다. 모든 일이 건강과 관련 있다고 그 모든 일을 보건교사가 할 수는 없는 것이다. 만약, 건강의 "건" 자만 붙어도 보건교사에게 일을 맡긴다면 학교의 건강지킴이로서 더 중요한 일들을 제대로 하지 못할 수 있다. 만약, 업무가 너무 많다면 보건교사는 우선순위를 정해서 업무를 하는 융통성도 필요하겠다. 보건교사는 타인의 결정에 따라서 움직이기보다는 의료인으로서의 소신 있게 일해야 한다. 유일한 학교의 건강 전문인으로서 중심을 잡고 보건 업무를 해야 한다는 생각이다.

미세먼지 관련해서 학교 일선에서는 항상 시끄럽다. 나 또한 과거 중학교에 근무 설 때, 미세먼지 업무로 인해 체육부장과 의견 충돌이 있었다. 미세먼지, 어쩌면, 환경과 관련 있는 업무 같기도 하고 또 한편으로는 운동장에서 주로 체육수업을 하는 체육 교사가 가장 먼저 미세먼지 상태를 확인하고 아이들을 관리할 필요성이 있다고 생각되어 체육 교사의 업무 같기도 하다. 미세먼지는 강력한 암 유발 물질이란 것이 알려지면서 학부모들은 미세먼지에 예민하게 반응했다. 미세먼지 있는 날, 운동장에서 수업하는 아이들을 보면, 학교 근처 아파트에서 창문으로 내려다보고 민원 전화를 학교에 넣었다. " 이렇게 뿌옇게 미세먼지가 많은 날인데, 아이들을 야외수업해도 괜찮나요? 학교에서 아이들 건강에 해로운 영향을 미쳐도 되는 건가요?" 따지듯이 전화한다고 한다. 이런 상황이니 학교에서 미세먼지 문제를 가볍게 넘길 수가 없는 입장이다. 특히, 학교 근처 아파트가 있는 학교에서는 미세먼지 관련해서 민원이 수시로 발생한다고 특별히 더 신경을 쓰라는 교육청의 지시까지 있을 정도이다. 그렇기에 야외 체육수업을 하는 체육과에서 가장 먼저 알고 대응해야 하기에 미세먼지 담당자는 체육 교사가 맡아야 한다는 의견이 많았다.

체육과에서는 미세먼지에 관해서 할 말이 있다. "건강과 관련된 문제인데, 이것을 체육 교사가 왜 맡아야 하느냐?"라고 반문한다. 그래서 자세히 이 문제를 다시 확인해보았다. 미세먼지가 발생했을 때, 대응하는 부서는 행정실, 보건실, 교무부였다. 행정실은 주로 미세먼지 관련한 학교 내 시설을 담당하고, 교무부는 미세먼지 관련해서 미리 정보를 얻어 수업을 조정하는 역할을 해야 한다. 그리고 보건실은 미세먼지와 관련해서 건강상 문제가 발생했을 때나 발생하기 전에 처치나 예방 교육을 시행한다. 어느 부서 하나 소홀할 수 없고, 세 부서에서 협업으로 학교 미세먼지에 대응해야 한다. 문제는 총책임자인 미세먼지 담당자를 정해야 하고, 담당자는 계획을 수립해야 한다는 것이다. 3부서가 협업으로 하는 것까지는 충분히 이해하겠는데, 이 3명 중에서 누가 총책임을 맡아야 할 것인가? 하는 점에서는 서로 자신의 부서가 아니라는 태도다. 사실, 미세먼지 대응할 때, 크게 어려운 것은 없다. 총책임을 맡아도 계획을 세우고 1년에 2번 정도 교육청에 보고하고 담당자는 미세먼지 온라인으로 연수를 들으면 된다. 어렵다면 어렵고, 별일 아니라면 별일 아닌 업무이다. 안 해봤기에 하려고 하면 어려운 것이고, 특별히, 기존 업무에 방해가 될 것처럼 느껴지는 것이다. 그래서 나는 내가 계획수립을 하고 담당자가 되기로 했다. 미세먼지 문제로 세 부서에서 서로 신경전이 있고, 서로 예민해지기에 누군가가 조금만 양보하면 된다. 그리고 미세먼지 대리 담당자로 3부서 다 넣었다. 공문 접수하고, 계획도 세우지만, 담당자는 3부서가 다 해당이 되는 것이다.

안녕하세요

해마다 신학기 학교별 미세먼지 대응 관련

담당자 지정 및 점검 보고(3/22까지)가 있습니다.

미세먼지 대처 관련 담당자는

1. 학사 조정, 수업 변경-교무부장

2. 미세먼지 관련 건강교육 및 계획-보건교사

3. 공기정화기 기타 환경관리-행정실(환경담당자)입니다.

아래, 미세먼지 관련 계획을 참고하시고

점검표에 체크하셔서 보내주세요

*향후 연수 관련 사이트는 공문이 다시 오면 안내드리겠습니다.

오늘도 행복한 하루 보내세요

새 학기마다 미세먼지 관련 공문이 온다. 미세먼지는 주로 봄에 많이 발생하기 때문에 계획수립과 담당자 지정 보고가 3월에 있다. 미세먼지 업무가 제대로 정리되지 않으면, 안 그래도 바쁘고 고된 3월이 더 힘들어진다. 보건교사만 힘든 것이 아니다. 다른 부서도 마찬가지이다. 서로 힘이 되어야 할 힘든 3월인데, 미세먼지 업무 때문에 서로 힘들게 해서는 안 된다는 생각이다. 그래서 이렇게 메시지 글을 써놓고 여러 번 수정했다. 글을 작성하고 바로 보내는 것이 아니라 3일 정도 보면서 수정해 나갔다. 해마다 교직원들이 바뀐다. 특히, 행정실 식구들은 더 자주 바뀐다. 대략 2년에 한 번씩은 교체가 되는 것 같다. 교사들은 최대 한 학교에서 5년까지 있을 수 있다. 만약, 5년 이상 머무르고 싶으면 유예 신청을 하면 된다고는 하지만, 거의 유예하는 경우는 없다. 하지만, 유예는 행정실 식구도 마찬가지로 가능하다. 이렇게 교직원이 자주 바뀌니, 사람이 바뀌었을 때 미세먼지 관련 메시지는 바로 보내지 않고, 여러 번 생각하고 수정해서 보내고 있다. 새로운 교직원이 학교에 오면 그 교직원은 학교에 적응해야 하고 학교는 그 교직원에게 또 적응해야 한다. 안 하던 업무를 하려면 적응의 시간이 필요하다. 학교가 아무리 바뀌어도 그전 학교에서 안 하던 업무를 하려면 거부감이 생길 수 있기 때문이다. 그래서 거부감이 조금은 줄어들도록 메시지 글을 다듬고 또 다듬는다. 미세먼지 관련 업무는 학교마다 차이가 나기 때문에 메시지 글쓰기가 조심스럽다.

메시지 글을 작성해 두고 바로 보내지 못하는 보건교사가 많다. 특별히, 업무협조를 구하는 메시지일 경우에는 더욱 신중해진다. 사실, 책을 쓰고 있는 나도 마찬가지로 업무협조 관련 메시지 글은 최소 3일 정도 보고 또 본 다음에 메시지를 보낸다. 보면서 조금씩 수정하는 것이다. 하루, 이틀, 삼일 시간을 두고 메시지 글을 수정하다 보면, 점점 객관적인 입장이 되어 읽는 사람의 거부감이 줄어들 수 있도록 수정해 나가게 된다. 단어 하나에 의해서 메시지 글을 읽는 사람은 다른 느낌을 받을 수 있어서 특별히, 협조 관런 메시지 글에서는 주의가 요구된다. 이런 상황을 너무나 잘 알고 있기에 보건교사는 여러 번 수정하고 또 수정하게 되고 메시지 글을 바로 보내지 못한다. 글쓰기에 자신감이 없다면, 더욱더 신중하게 된다. 협조 관련 메시지 글을 수월하게 쓰고 수정하기 위해서, 보건교사가 글쓰기를 만만하게 할 수 있는 노력을 해보시길 권한다. 그 가장 기본적인 방법이 바로 자판으로 남의 책 베껴 쓰기이다. 남의 글을 써볼 때, 편안하게 나도 쓸 수 있고, 수정 또한 어떤 곳을 수정해야 할지 감이 잡힌다. 자판 필사 도전!! 응원한다.

글이 예의 바른 방식이지만, 그래도 말로 하고 싶다

"글이 예의 바른 업무처리 방식이다."

어쩌면 위의 문구를 한 번도 생각해보지 않았을지 모르겠다. 글을 써보면 알게 된다. 말하기와 글쓰기의 차이점을. 특히, 직장인이라면 이것에 대해서 쉽게 공감할 것으로 생각한다. 확실히 글의 방식과 말의 방식에는 차이점이 있다. 글로 뭔가를 보낼 때, 상대편은 조금 더 신중하게 읽고 조심스럽게 답을 한다. 이것이 업무의 효율을 높이게 한다. 소통에 있어서 나는 열심히 이야기하는데, 상대편은 딴생각하고 있는 때도 있다. 이럴 때는 얼굴 보고 이야기는 하고 있지만, 서로 다른 생각, 다른 상상을 하는 것이다. 근무를 설 때, 전화벨이 울렸다. 나는 지금 그 전화벨이 신경이 쓰인다. 받기 전부터 '무슨 급한 일이 있어서 전화했을까?' 하는 생각으로 긴장한다. 보건교사가 전화를 받을 경우는 응급상황이 발생할 가능성도 있기 때문이다. 현재 보건실은 2층인데, 저 멀리 4층이나 5층에서 응급상황이 생겼다면 보건실로 전화할 것이다. 실제, 그런 전화를 받고 응급 가방을 울려 메고 5층을 간 적이 있었다. 너무 경황이 없어서 대략적인 상황에 대해 질문하고 바로 엘리베이트 키를 챙겨서 응급장소로 달려갔다. 전화하면, 그런 기억이 강하기 때문에 울리는 전화에 스트레스를 받는다. 그래서 나는 될 수 있으면 전화를 하는 경우가 없다. 정말 급한 일이 아니면 전화하지 않는다. 보통, 메시지 글로 궁금하거나 협조할 내용을 전달한다. 메시지 글을 통해서 소통하면 여러 가지로 긍정적인 장점이 있다. '그래도 나는 말로 하는 것이 더 편해'라고 생각한다면, 이제는 내가 변해야 할 때라고 말하고 싶다.

"보건 선생님, 1, 2학년 성교육, 심폐소생술 교육, 한꺼번에 하니까 너무 좋네요. 작년에도 했었나요? 내년에도 그렇게 하면 좋을 것 같아요."

전화벨이 울려서 받아보니, 교장 선생님이다. 이번에 학생 대상 외부 전문 강사를 초빙해서 교육한 것에 대해 중간중간 메시지 글로 안내했는데, 그것을 읽고 전화했다. 갑자기 교장 선생님 전화라서 당황스러웠다. 그런데 이렇게 갑자기 전화한 경우가 가끔 있었다. 교장의 주 메시지는 보건교육을 하니 아이들에게 유익하다는 메시지였다. 보건교육을 하기에 12월, 2차 지필 평가 마치는 시기에 하는 것이 아주 좋다는 것을 알게 되었다. 2차 지필 평가가 끝나면 연말이기도 하고 모든 수업도 끝난 상태인지라, 아이들은 특별히 할 일이 없다. 이 시간을 소비하지 않기 위해서라도 보건교육을 하면 유익하다. 모든 일정이 끝났기 때문에 교사도 학생도 여유로운 마음으로 보건교육에 참석한다. 학년마다 10개 반인데, 1학년은 심폐소생술 교육을 했고, 2학년은 요즘 사회적으로 쟁점이 되는 성교육에 대해서 교육했다. 심폐소생술은 강사 2명이 진행을 해서 이틀 동안 실시했고, 성교육은 한 명의 강사가 와서 10반을 나흘 동안 실시했다. 3-3-2-2개의 반을 성교육했는데, 여경찰관 출신이 강사라서 그런지 실제 사례를 많이 알고 있었다. 그래서 더욱 유익한 교육이 되었다. 어디 출신이냐에 따라서 강의 내용이 조금씩 다르기에 이것을 참고하면 된다. 어떤 행사를 진행할 때, 행사 진행 일주일 전부터 메시지 글로 안내한다. 그리고 하루 전, 행사 중간중간, 행사종료 시에 메시지 글을 전 교직원에게 보내, 교육 상황을 안내한다. 이런 중간중간 행사 진행 상황에 대한 메시지는 교사들이 관심이 없을 것 같고 안 그래도 할 일이 많은데, 일에 방해가 될 것 같고 했지만, 사실은 아니었다. 학교에서 현재 진행하고 있는 행사이니 전 교직원이 관심 있게 보았고 잦은 메시지로 인해 자기 일에 방해가 된다고 생각하는 교사는 없었다. 관리자는 더욱 좋게 생각했다. 학교에 일어나는 일을 실시간으로 보고하는 것 같은 느낌이 드니, 더 관심을 가지고 지켜봤다. 그리고 전화했다. 전화해서 관리자로서의 생각들을 전달한다.

글 소통 대신에 전화 소통을 하는 사람들의 특성이 있다. 위의 사례처럼 관리자의 경우, 전화하는 경우가 많다. 관리자는 연세가 있는 분들이 주로 있다. 연세가 있는 분일 경우, 직접 당사자와 이야기 나누는 것을 좋아한다. 글쓰기는 왠지 어색하게 느껴질 수가 있다. 그래서 바로 전화를 해서 궁금한 것이나 당신이 하고자 하는 말을 한다. 대부분, 갑자기 보건실로 전화하는 경우는 나의 경험으로도 관리자가 많았다. 그리고 일반교사 중에서도 성격이 급한 사람이라면 글보다는 전화나 직접 보건실을 방문한다. 그리고 여성보다는 남성이 글보다는 직접 대화를 좋아한다. 교무부장은 바로 옆 2층 교무실에서 전화로 해도 될 일도 직접 보건실을 찾는다. 그래서 직접 묻고 바로 답을 얻는다. 그런데 가만히 보면, 저번 교무부장도 그랬었다. 아무래도 글은 남성보다 여성이 더 가깝나? 하는 생각을 해봤다. 보편적으로는 남성보다는 여성들이 글로 소통하는 것을 즐기는 듯하다. 직접 소통하기를 원하는 사람들의 특성들은 한마디로 글보다는 말이 편하다는 이유가 있다. 나이가 많으시거나, 성격이 급하거나, 남성이거나 아무래도 그 반대인 사람보다는 글이 조금 만만하지 않다는 의미일 수가 있다. 물론, 아닐 수도 있지만, 나의 경험으로 그렇다고 말할 수가 있다.

　보건교사 중에도 글보다는 말이 편한 사람들이 많다. 여성이고 젊고 그렇게 급하지 않은 보건교사이지만, 글이 자연스럽지 않게 느껴지는 것이다. 보건교사의 성향도 있을 것이다. 보건교사는 간호사 출신이다. 간호사 출신은 문과보다는 이과에 가깝다. 지금은 이런 구분이 없는지 모르겠지만, 우리 때만 해도 고등학생 때 이과인 아이들이 간호대를 지원했다. 환자를 돌보고 따뜻하게 지지해 주어야 하는 일을 하는 간호사가 왜 이과인지 이해가 안 될 수 있겠지만, 이렇게 생각하면 또 고개를 끄덕여진다. 간호사는 건강을 지키기 위해서 존재하기도 하지만 무엇보다 생명을 기본적으로 잃지 않게 돌보아야 한다. 위중한 환자인 경우, 의사에 대한 간호사의 협조가 아주 중요한 영역이 된다. 철저하게 이성적인 판단으로 의료행위를 해야 생명을 구하고 건강을 지켜나갈 수 있어서 이과 성향이 많이 요구된다. 이런 성향을 지닌 보건교사도 역시 문과보다는 이과에 가까워 글쓰기가 더 어색하게 느껴질 수도 있다고 본다. 하지만 성향은 바꾸어나갈 수 있다. 글쓰기에 자신을 조금 더 단련하도록 해야 학교의 건강 지킴이로서 해야 할 역할도 제대로 할 수 있을 것으로 생각한다.

직장인에게 글 소통은 예의 바른 방식임을 알고 실천하려 노력해야겠다. 말보다는 글로 먼저 용건을 전달하는 것이 맞다. 내가 그 사람을 잡고 있으면 안 된다. 상대방도 할 일이 있고 또 나름의 하루 일정이 있는데, 불시에 전화해서 그 사람의 시간을 뺏지 말아야겠다. 최근에는 거의 메시지 글로 먼저 용건을 보내놓고 그 후에 잘 소통이 안 되면 전화하는 경우가 대부분일 것이다. 바로 전화하면 상대방은 당황스럽고 준비된 말이 아니라 즉흥적인 대답을 할 수밖에 없다. 시간을 미리 주고, 생각할 여유를 주기 위해 글로 쓰는 것이다. 그래서 상대방을 배려하는 것이 바로 글이라고 이야기한다. 지금 잘 안되더라도 우린 글쓰기를 더욱 만만하게 해서 글쓰기를 우선으로 활용해야겠다고 결단을 내려야겠다.

보건교사가 글을 써야 할 때는 마음이 그리 편하지는 않은 것이 보편적이다. 우리가 글쓰기와는 친하지 않기 때문일 것이다. 글보다는 말하기를 더 많이 하고 사는 것이 맞다. 하지만, 점점, 시대는 글쓰기를 선호하는 시대가 되어간다. 보건교사의 경우라면, 그런 시대적 배경에 업무적인 특성이 가미되어 더욱 글쓰기를 만만하게 해야 할 위치에 있다. 건강관리를 위해 감염병 상황에서도 말처럼 글을 활용해서 보건 업무를 해내야 한다. 코로나19 발생 초창기에 '교직원 대상 성교육을 어떻게 해야 하나?' 난감했었다. 또 심폐소생술은 또한 어떻게 해야 할지 답이 나오지 않았다. 결국은 온라인에서 교직원 대상 성교육, 심폐소생술 교육이 개설되어 각자 교직원이 개인 교육을 받을 수 있도록 메시지 글로 안내했었다. 한편으로 편하게 끝났다고 볼 수 있지만, 또 한편으로 만약, 온라인 교육이 개설되지 않았다면, 내가 직접 글을 써서 교육해야겠다고 생각했다. 글은 업무의 마지막 최선의 수단으로도 활용할 수 있다. 그리고 평상시, 글쓰기를 통해 소통한다면, 또한 자연스럽게 업무가 이루어진다. 이 방법이 최고의 방법임을 시간이 지날수록 인지하게 될 것이다. 그래서 보건교사는 글쓰기가 좀 더 편하고 쉽도록 자주 써야 한다. 소통하는데 글쓰기를 자꾸 시도해야한다. 잘하고 싶은 것은 매일 해야 한다는 진리가 여기에서도 그대로 적용이 되는 것이다. 글쓰기를 적극적으로 활용하여 예의 바르면서도 자연스러운 보건 업무를 하시길 응원한다.

글 소통보다는 말 소통이 많은가? 체크해라

안녕하세요. 선생님

독감 주의하세요.

현재, 교직원은 4명 독감으로 병가 중입니다.

독감 의심스러우면 병원 진료 권유합니다.

또한, 조금이라도 감기 증상이 있으실 경우,

마스크 꼭, 착용해주시길 부탁드립니다.

면역력이 떨어지신 분들도 마스크 착용하시면

도움이 됩니다.

반별 학생 중에서 독감 진단받은 학생들 있다면

메시지로 명단 부탁드릴게요. (독감 진단 날짜도 함께 보내주세요)

마스크, 손소독제, 기타 물품 필요하신 선생님께서는

보건실 들려주세요.~

건강한 하루 기원합니다.

겨울 방학을 앞두고 독감이 기성을 부렸다. 어서 방학이 되었으면 하는 마음이 굴뚝같은데, 환자 수는 점점 늘어났다. 독감도 법정 전염병 4군에 포함되는 감염병이다. 감기와 다른 바이러스에 의해서 감염되는 것으로 감염력이 아주 강하다. 여기저기에서 마스크를 쓰고 있다. 독감이 걸린 사람도 마스크를 쓰고 독감이 걸리지 않기 위한 사람도 마스크를 쓴다. 코로나19 팬데믹 이후에 조그만 상황이 안 좋다 하면 마스크부터 찾게 되었다. 학생들도 이것은 철저하게 실천한다. 마스크가 감염병 예방에는 그래도 효과가 있음을 코로나19를 경험하면서 배우게 된 것이다. 하얀 마스크 쓴 사람이 많은 것을 보면서 상황은 대략 인지하겠지만, 보건교사의 입장에서는 항상 건강 관련 메시지를 보낸다. 나 역시, 이런 상황에 대해서는 안내메시지 글을 쓴다. 전 교직원을 상대로 쓰는 메신저가 이를 때 아주 유용하다. 1차로 보건교사가 전 교직원에게 상황을 알리면 이차적으로 담임교사가 학생들에게 지도한다. 반 학생들 간에 건강을 유지하기 위해서는 담임교사의 역할이 중요하다. 보건교사만을 믿어서는 안 되고 내 반은 내가 지켜야 한다는 마음이 필요한 것이다. 그렇다. 마인드의 차이가 모든 것을 바꾸어 놓는다. 누군가를 의지하는 순간, 모든 것이 내 뜻과 반대로 이루어질 수가 있다. 학교의 건강도, 반의 건강도, 그 무엇도 나 스스로가 지켜나가야 한다는 의지가 중요한 것이다. 학교 보건교사로서 나는 항상 이런 마음으로 출근한다. 독감이 기성을 부리는 이 시점에도 나는 내 역할에 충실하여 최대한 독감이 확산하지 않도록 메시지 글을 쓰면서 노력한다.

보건교사 1급 연수에 강사로 나는 초대받았다. 내가 쓰는 책 쓰기에 관한 내용으로 "보건교사 인문학"이란 주제로 강의했다. 20권 가까이 책을 쓰다 보니, 이런 기회도 찾아온다. 작년에 처음으로 연락받고 강의했는데, 이번이 2번째이다. 작년 강의에서는 내가 매일 하는 책 쓰는 삶에 관해 이야기했다. 보건교사가 이제는 책을 써야 한다. '책을 쓰면 힐링하고 성장한다.' 라는 메시지를 전달했다. 올해는 방향을 조금 달리했다. '보건교사는 글을 써야 한다.'라는 메시지를 전달했다. 왜냐하면 감염병은 주기적으로 찾아올 것이고, 감염병 상황 시 비대면으로 감염병 예방하고 학교 내 확산을 막아야 하는데 소통 방법은 글쓰기뿐이기 때문이다. 글을 편안하게 쓰는 비법으로 책 쓰기를 도전해야 한다고 강조했다. 글만 쓰면 글의 성장이 느리다. 나 아닌 다른 사람에게 보여주는 글을 쓰는 책 쓰기를 통해서 일취월장 글쓰기는 성장한다. 내가 이것을 직접 경험했고, 내가 했기 때문에 누구나 할 수 있다고 강조한다. 이런 내용으로 강의했는데 호응이 좋았다. 준비한 자료에다가 두 번째라서 그런지, 설명력도 좋아져 1급 연수를 받는 보건교사에게 긍정적인 영향을 준 것 같다. 강의의 중간쯤, 쉬는 시간에 한 분의 보건교사가 나에게 다가와 질문했다.

"선생님, 다름이 아니라, 글쓰기가 필요하고 좋은 것은 알고 있는데, 2인 배치 학교에서 다른 보건교사가 나에게 보건실에서 글로만 소통하자고 합니다. 가까운 거리에 있으면서 글로 소통하자고 하니 저는 너무 답답합니다. 이럴 때, 어떻게 하면 될지 잘 모르겠어요."

이유를 듣자 하니, 50대 이 보건교사는 거대학교에 근무를 서고 있고 보건교사가 2명인 학교인데 다른 보건교사가 한 사무실에서 있으면서 글로 소통하자고 했다는 것이다. 이럴 경우는 정말 난감할 것 같다. 한 장소에 있으면서 말 대신 글로 하자는 것은 소통의 방식의 문제가 아니고 마음을 먼저 터놓고 이야기해 볼 상황인 것 같았다. 한 장소에 있다면 글을 가끔 쓸 수 있지만 그래도 주로 말로 소통하는 것이 훨씬 효과적이다. 이것은 누구나 아는 사실이다. 정확히 그 상황을 뭐라고 말할 수 없겠지만, 일반적으로 말로 하는 것이 그 사람의 얼굴을 보고 이야기할 수 있기에 더 많은 정보를 얻을 수 있는 것이다. 말로 소통하자고 하는 보건교사는 20대 젊은 보건교사라고 했다. 젊은 사람일 경우에는 아무래도 글이 더 편해진 것은 사실이다. 세대 차이라는 표현은 그렇지만, 세대마다 문화가 다르다. 글 쓰는 문화, 이것은 젊은이들의 문화인듯하다. 그래도 같은 공간에서는 글보다는 말로 얼굴 보면서 소통할 수 있는 관계를 만들어가는 것이 필요하단 생각이다. 이런 질문은 생각 외의 질문이었기에, 앞의 생각들을 보건교사에게 조심스럽게 답변했다.

글 소통과 말 소통, 적절하게 상황에 맞게 선택해서 해야겠다. 얼굴을 직접 보고 말로 소통해야 할 상황에서 글로 소통한다면, 오히려 역효과 생기지 않을까 판단한다. 위의 사례처럼 한 장소에 같이 있는 사람이 글로 소통한다면 그것은 소통은 이루어질지 모르겠지만 마음은 불편할 것이다. 글쓰기가 서론 간의 관계를 회피하기 위한 목적으로 사용된다면 그것이 과연 의미가 있을까 하는 생각이다. 이런 목적이라면 차라리 허심탄회하게 말로 이야기를 나누고 난 뒤 서로 간에 쌓인 감정을 털어버리고 새롭게 시작하는 시간이 필요하지 않을까 생각한다. 아주 특수한 상황에서는 말보다 글이 훨씬 유익하다는 것은 맞다. 말보다는 글로 소통할 때, 더욱 업무의 효율을 가져다준다고 했을 때, 메시지 글을 먼저 쓰는 것이 좋다. 내가 주로 하는 방식은 메시지 글을 먼저 보내고, 그다음 협조가 잘되지 않는 상대자에게 개인 메시지를 또 보낸다. 그래도 감감무소식일 경우에는 요즘은 1인 1대의 전화기가 있어서 그 교사에게 직접 전화한다. 이미 그 교사는 여러 번의 메시지를 받은 이후인지라, 한마디만 하면, "아, 네 제가 생각은 하고 있었는데, 놓쳤네요. 지금 해드릴게요." 이런 반응이 바로 나온다. 보건교사의 입장에서도 일하기가 수월하고 서로 순탄한 대화가 이루어져서 업무추진에도 도움이 많이 된다. 소통도 한 번만 해서는 안 된다는 것을 매번 느낀다. 여러 번 메시지 글을 보내면 이미 충분히 보건실의 협조 메시지를 받았기 때문에 본인 스스로 마음의 불편감이나 거부감이 없어진다. 그래서 보건교사는 글 소통을 많이 해야 한다. 글 소통과 말 소통 적절한 비율을 맞추어서 보건 일 해야 한다. 나 자신은 글과 말을 어떤 비율로 보건 업무를 하고 있는지 한번 점검해 보는 시간을 가져보시길 바란다.

글쓰기가 어려울수록 자기 계발에 목마르다

나는 책을 쓰면서 글쓰기가 조금은 만만해졌다. 그래서 과거에 비해서 보건 업무를 수행할 때의 마음가짐이 많이 달라졌다. 그야말로 글만 썼을 뿐인데, 보건 업무에 있어서 자신감이 생긴 것이다. 그 자신감은 새로운 업무를 시작할 때도 여실히 나타났다. 글쓰기가 약할 때는 어떤 새로운 보건사업을 시작할 때, 사업 전에 계획을 세우고 사업 후에 보고하는 것이 복잡하게 느껴졌고 번거롭게 생각되었다. 계획과 보고는 글 쓰는 일이기에 한마디로 부담스러웠다. 그래서 되도록 새로운 사업을 시작하지 않으려 했다. 보건 업무도 자신이 없었다. 보건 업무에 자신이 없었던 이유도 글쓰기가 약해서였다고 이야기할 수 있다. 지금은 상황이 달라졌다. 글쓰기가 어느 정도 만만해지면서 어떤 새로운 사업을 시작한다고 하더라도 '그래, 해보자! 얼마나 복잡하겠어? 그냥 할 것들에 대해서 계획 세우고 나중에 간단히 보고하면 되겠지!'라고 가볍게 생각한다. 사람들은 말로 하는 것은 그래도 쉽다고 생각한다. 하지만 대부분 직장인이 글로 쓰는 것은 부담스럽고 자신이 잘못한다고 여긴다. 그렇기에 이런 부분을 극복하기 위해 직장인이라면 자기 계발을 위해 노력한다. 대표적인 것이 책을 열심히 읽는 것이다. 뭔가 배우러도 다닌다. 채워지지 않는 직장인으로서의 역량을 계발하기 위해 노력하는 것이다. 하지만, 글쓰기 역량을 키우는 것은 잘 안 한다. 글쓰기는 그저 타고난 것, 특별한 사람만의 전유물이라고 생각하기 때문이다. 배워서 좋아지는 것이 아니란 고정관념을 가지고 있다. 직장인으로서 역량을 키우고 자신감을 키우는 방법이 바로 글쓰기 능력을 키우는 것이란 것을 나는 책 쓰고 글쓰기가 다소 만만해지면서 깨닫게 되었다.

"흡연 실천학교 사업 신청"

행운이지 불운인지 나는 이 사업을 그동안 한 번도 해보지 않았다. 교장으로부터 메신저가 왔다. "흡연 실천학교 사업을 했으면 하는데, 나 선생님의 생각은 어떠세요?" 부드럽게 의향을 질문하는 메시지 문구였지만 교장으로서 지위가 있기에 단지 의향을 묻는 것이 아니라는 것을 알고 있다. 그렇다. 직책에 따라서 똑같은 말이라도 다른 의미로 전달되기에 말하는 사람이나 듣는 사람이나 신중하게 받아들여야 한다. 그래서 고민했다. '이것, 어떡하나?, 한 번도 해보지 않았는데, 이 나이에 새로운 것을 하기에는 너무 부담스러운데…' 그래서 결국 나는 교장한테 이런 답변을 보냈다. "안녕하세요? 교장 선생님. 흡연 실천학교 사업은 열정 많은 보건 선생님이 주로 하는 사업이고 연말에는 발표도 하는 것으로 알고 있습니다.". 나는 그렇게 젊지도 열정이 많지도 않다는 것을 둘러서 답했다. 금방 답장 메시지가 왔다 " 네, 심화형 말고 기본형으로 신청해서 간단히 하면 어떨까요?" 그래서 나는 어쩔 수 없이 답변을 보냈다. " 네 알겠습니다. 공문이 오면 자세히 확인해보겠습니다." 그렇게 답하고 마무리했다. 그리고 며칠 뒤에 방학이 시작되었다. 방학한 지 얼마 지나지 않아서 실무사로부터 "흡연 실천학교 사업 신청이란 공문이 왔는데, 확인해보세요. 선생님."이라고 카톡이 왔다. '아구, 벌써 공문이 왔구나!' 하고 공문부터 확인해봤다. 기본형은 최대 300만 원까지 신청하는 것이었다. 그런데, 나는 천원 단위였는데, 이것을 잘못 봐서 3,000만 원이라고 착각하고 한참을 고민했다. 이것 장난이 아닌데, 요즘 시대에 감염병도 수시로 발생할 수 있는 상황인데, 흡연사업까지 해야 하다니, 난감하기 이루 말할 수가 없었다.

보건교사 단톡방에 질문했다. "흡연 실천학교 사업 경험이 있으신 선생님 계신가요?" 간단히 올렸는데, 누군가가 자신이 해보았고 개인 톡으로 연락 달라고 댓글을 달았다. 마침, 평상시 호감이 갔던 보건교사였다. 그 교사를 통해서 자세히 그 사업에 관해서 이야기를 들을 수가 있었다. 이 보건교사는 해마다 신청해서 하고 있다고 했다. 기본형으로 100만 원 정도 신청한다고 했다. 신청서와 계획서를 참고하라고 보내주었다. 또 이 보건교사는 지역교육청 심사위원으로도 들어갔는데, 학급수에 따라서 금액을 배정해 준다고 했다. 신청한 대로 금액이 다 나오는 것은 아니라는 것이다. 자신이 한 사업 중에서 한 가지를 추천해주었는데, 그것은 자신이 하는 것은 학생자치회의 협조를 받아서 4일 정도, 중앙현관에서 흡연 관련 전시물을 게시하고 흡연 관련 퀴즈나 금연 선서를 하도록 했다는 것이다. 참석한 학생들에게 과자나 기타 작은 선물을 증정했다고 한다. 학생자치회 학생들의 협조가 잘된다면 이 행사도 유익할 것 같다는 생각했다.

흡연 실천학교 사업에 대한 공문을 읽어보고서는 할 수 있겠다는 생각이 들었다. 처음에 3,000만 원으로 잘못 인지했었는데, 금액도 그렇게 크지 않은 300만 원이 최대 신청 금액이었다. 금액이 바로 사업의 크기를 결정하는 근거가 된다. 300만 원이면 조금만 해도 300만 원이 소비된다. 지금 생각으로서는 금연 관련 공연을 초빙해서 해볼까? 생각하고 있다. 흡연 예방 교육에도 이 금액을 사용할 수 있다고 하니, 전문업체에서 하는 금연 관련 연극이나 공연은 금액은 200만 원가량 고가이지만, 그래도 학생이 평상시 경험해 보지 못한 것으로서 강당에 전교생을 집합해서 공연한다면, 임팩트 있는 흡연 예방 교육이 될 것이란 생각한다. 만약, 금액이 조금 부족하다면 학교 돈을 추경해서 추진해 보면 되지 않을까? 생각하고 있다. 공문을 읽어보니, 신청서 양식과 계획서 양식까지 있었다. 계획서와 보고서를 보니, 자신감이 생겼다. 그렇게 어렵지 않겠다는 생각이 들었다.

글쓰기가 만만해지면 서류로 하는 작업에 자신감이 생겨서 사업 자체에 대해서도 가볍게 생각할 수 있다. 우리가 새로운 업무를 어렵게 느끼는 이유는 서류작업 때문이다. 서류작업을 번거롭게 생각하고 어렵게 느끼는 것이다. 아무리 사업을 잘해도 마지막에 보고 관련 건에서 사업을 하고 싶지 않을 정도로 번거롭다고 생각한다. 사실, 그 서류작업은 그렇게 어려운 것이 아닌데도 글쓰기가 익숙하지 않기 때문에 그런 생각을 하게 된다. 흡연 실천 사업도 금액이 많지도 않고, 계획 보고하기도 그렇게 어려운 것이 아닌데도 옛날 습성대로 새로운 사업이란 생각 때문에 하기를 꺼렸었다. 계획, 보고 방식을 보고는 더욱 사업에 안심하게 된다. 처음 하는 사업일지라도 공문을 읽어보면, 대략적인 느낌이 온다. 글쓰기에 익숙하면 글 읽는 것도 익숙해져서 공문을 통해서 명확히 그 사업에 대한 감이 잡힌다. 제목은 거창하다. " 흡연 실천학교 사업" 학교 전체가 함께 움직여야 할 사업처럼 느껴진다. 그것보다 예산 지원은 적다. 이 예산 지원으로 사업명과는 조금의 갭이 있다는 것을 발견하게 된다. 공문을 읽어보고 자세히 들여다보면 대략 견적이 나오는 사업이다. 글쓰기에 자신감이 생기면 일에 대한 두려움도 줄어든다. 가끔 불시에 이런 사업이 내 업무에 추가되더라도 글쓰기 역량으로 인해 크게 개의치 않게 된다. 말이 아닌 또 하나의 소통 수단인 글쓰기가 나에겐 있기 때문이다. 말과 글, 2가지 소통 무기가 내가 원활히 업무를 달성할 수 있도록 할 것이란 믿음이 있는 것이다. 글쓰기가 직장인에게 최고의 자기계발법이란 사실을, 글을 써보면 자연스럽게 알게 된다.

직장인으로서 자신감이 없었던 이유 중의 하나가 글쓰기가 만만하지 않아서이다. 글쓰기에 자신감이 있으면 새로운 업무도 새로운 시작도 그렇게 두렵지 않다. 왜냐하면 글쓰기로 소통할 것이며 글쓰기로 계획 세우고 보고하는 것을 그렇게 어렵게 느끼지 않기 때문이다. 일하기보다 더 어려운 것이 보통은 계획과 보고라고 느낀다. 그것 때문에 새로운 시작을 하고 싶지 않은 것이 솔직한 심정이다. 하지만 글쓰기에 자신감이 붙으면 이런 문제들이 점점 사라진다. '해낼 수 있을 거야!'라는 생각을 하게 된다. 이렇게 생각하는 것도 자신을 스스로 믿는 믿음, 자신감, 자존감이 있어야 가능한 것이다. 글을 써보면 알게 된다. 글을 씀으로써 자신에 대한 믿음이 강해지고 뿌리 깊은 자신감이 생겨난다는 것을. 그 반대로 글쓰기에 자신감이 없을수록, 새로운 도전이 두렵고, 평상시 하는 일도 끝없이 어렵다고 느껴진다는 사실을 알게 된다. 무엇보다, 직장인들에게 항상 목말라 있는 자기 계발의 최고봉은 바로 글쓰기 능력이란 사실을 강조한다. 글쓰기 능력이 있으면, 자기 계발에 대한 갈망도 사라진다. 글쓰기 역량만큼이나 직장인의 삶을 든든히 받쳐주는 것이 없음을 믿고 글쓰기 능력을 키우는데, 관심을 가져보길 권한다.

메시지 글이 언제쯤 편해질까? 쓸 때마다 고민한다

목이 조금씩 아프기 시작하면서 점점 감기 증상이 심해졌다. 방학이고 해서 90세 홀로 계시는 어머님을 뵈러 기차표를 예매해두었는데, 낭패이다. 근육통이 점점 심해졌다. 과거 독감이 걸렸을 때 증상과 비슷하다. 만약, 독감이면 90세 어머니에게 전염시켜 면역력이 약한 어머니가 치명적인 질병이 걸릴 수도 있다. 그래서 아침에는 아이들이 일어나기 전에 서둘러 근처 이비인후과부터 가보았다. 이른 시간이라서 그런지 3~4명만이 대기하고 있었다. 겨울철이라 사람들이 많을 줄 알고 기다릴 각오를 하고 갔었는데, 다행이란 생각이 들었다. 접수대에 있는 직원에게 처음 왔고 독감 검사를 하고 싶다고 말했다. 요즘은 처음 간 병원에서는 주민등록

증을 제시해야 한다. 조금 대기했다가 바로 의사한테 가서 독감 검사를 하고 싶다고 다시 이야기했다. 코로나19 검사받을 때처럼 똑같은 방법으로 콧속 깊은 안쪽으로 면봉을 집어넣었다. 코안을 이렇게 깊이 넣어도 되는구나! 매번 느끼면서 힘든 것을 참아냈다. 이때, "아" 소리를 내면 덜 힘들 거라고 검사가 거의 끝나갈 때쯤, 의사가 말했다. 검사가 끝나고 10분만 있으면 검사 결과가 금방 나오니, 그때까지 밖에서 잠시 기다리면 된다고 말했다. 기다리는 동안에도 온몸의 근육통은 여전했다. 기침은 기침대로 나왔다. 이래서 사람들이 미리 독감 예방주사를 맞는구나 싶었다. 이 증상이 언제까지 지속되어야 할까? 검사를 받았지만, 그것은 진단만 하는 것이고 이 증상은 계속 유지될 수도 있다는 생각이 들었다. 감기는 약을 먹으나 안 먹으나 완치하려면 2주의 시간이 필요하다고 했는데, 독감도 감기처럼 그런 것이 아닐까? 생각하니, 아찔했다. 단 하루도 더 증상이 지속된다면 삶의 질이 왕창 떨어질 것 같았다. 고작 감기의 일종인 독감 때문에 이런데, 다른 큰 질병을 앓는 사람의 고통은 어떨지 상상이 되지 않았다. 결국, 검사 결과는 예상대로 독감으로 나왔다. 이 독감 증상이 하루만으로도 힘든데, 언제쯤 괜찮아질지 궁금했다.

독감 때문에 삶의 질이 떨어졌듯이 보건교사가 보건 업무를 할 때, 고작 메시지 글쓰기가 편안하지 않다면 보건 일하기도 그만큼 수월하지 않을 수 있다. 메시지 글도 글쓰기인데, 글쓰기라는 영역이 너무나 어렵게 느껴진다. 그런데, 한가지 잊고 있는 것이 있다. 노력도 하지 않고 어렵다고만 생각하는 것이다. 해보지 않고 그런 생각만 한다면 어제와 같은 오늘이 이어질 뿐이다. 글쓰기, 타고난 재능으로 쓰는 것이 아님을 먼저 인지해야 한다. 글쓰기도 다른 기능을 익히듯이 그렇게 우리는 조금 배우고 연습해서 몸에 익힌다면 지금보다 훨씬 만만하게 글도 쓰면서 편안하게 보건 업무를 할 수 있을 것이다.

우린, 글쓰기에서만은 유독 자신 없어 한다. 나도 마찬가지였는데, 책 쓰기 전에는 전체 교직원에게 보내는 메시지를 되도록 쓰지 않으려 했다. 어쩔 수 없이, 전체를 대상으로 글을 작성하려면, 글을 써 두고 바로 보내지 못하고 여러 번 수정하면서 시간을 투자했었다. 그때는 정말 글 쓰는 기본적인 원칙도 몰랐다. 하지만, 글쓰기에서는 분명 원칙들이 존재한다. 글쓰기의 기본원칙이라고 한다면, 다음과 같은 것이 되지 않을까 생각한다.

첫째, 글은 단문으로 쓰기

우리가 글쓰기가 잘 안되는 이유는 바로 문장을 길게 쓰려하기 때문이다. 말할 때처럼 길게 쓰려고 하면, 글이 꼬이게 된다. 쓰는 사람이 무슨 말을 하는지 헷갈리면 읽는 사람은 더욱 헷갈리는 것이 바로 글이다. 글쓰기의 가장 기본은 짧게 단문으로 써야 한다는 사실이다. 이것을 나는 책을 쓰기 전에는 잘 알지 못했다. 말하듯이 그렇게 주저리주저리 길게 쓰면 된다고 착각했는데, 이것부터 바꿔야 한다. "A는 B이다."처럼 명확하게 이해될 수 있도록 짧게 쓰면 글쓰기가 그래도 쓸만하다고 느낄 수가 있다. 나는 책을 처음 쓸 때, 단문 쓰기가 잘 안되었다. 짧게 쓰는 것도 연습해야 한다. 한 문장을 짧게 쓰는 것이 연습이 필요할 정도로 우린 한 문장을 길게 쓰는 경향이 있다. 처음에는 어색하더라도 단문 쓰기가 몸에 익으면 그다음부터는 글쓰기가 수월해진다. 단문을 쓸 수 있어야 긴 글을 쓸 수 있다고 강조하고 싶다.

둘째, 서론-본론-결론으로 쓰기

모든 글의 기본은 서론-본론-결론이다. 서론에는 내가 무슨 이야기할 것인지 가볍게 이야기하면서 글을 시작하고, 본론에서 본격적으로 내 생각과 주장을 쓴다. 그리고 결론에서는 한 번 더 강조하면서 마무리하면 된다. 긴 글일 때와 짧은 글일 때, 중요성의 방점이 다르게 찍히지만, 기본적인 패턴은 같다. 1꼭지 같은 긴 글일 때는 본론이 중요해진다고 볼 수 있다. 한 문단 이하의 짧은 글일 때는 서론과 결론에 핵심 메시지를 쓰면 된다. 내가 할 말을 어떤 상황에서든 3가지로 나누어서 쓴다고 생각하면 글쓰기가 이 방식대로 점점 몸에 익어갈 것이다. 사실, 말하는 것도 이런 식으로 하면 된다. "안녕하세요. 반갑습니다.–오늘 줌 모임의 날짜를 잡겠습니다.–괜찮으시지요? 언제가 좋을까요?" 이것이 바로 서론–본론–결론 형식이다. 본론은 항상 중심 메시지가 들어간다.

셋째, 3문장을 쓰더라도 서론–본론–결론이다.

짧은 문장이라도 서론–본론–결론으로 쓰면 된다. 긴 글, 짧은 글 상관없이 항상, 이 패턴이란 사실을 인지하고 이것에 맞춰서 이 흐름으로 쓰면 된다. 2문장이라면 첫째 문장은 서론이고 둘째 문장은 본론이다. 최소 2문장 정도는 써주어야 예의 바른 방식이다. 한 문장만 쓰면 자신의 메시지만 쓰게 되는 것인데, 이것은 너무 일방적인 느낌이 든다. 그래서 타인에게 글을 쓰거나 말할 때, 최소 2문장은 써야 하고, 보통은 3문장으로 나누어서 쓰는 것이 보기에 좋고 예의 바르게 느껴진다. 학교에서 업무상의 메시지 글을 쓸 때도 마찬가지이다. 너무 단답식으로 자신의 말만 할 것이 아니라, 첫 문장에는 "안녕하세요?"라고 인사부터 시작하면 읽는 사람은 마음의 문을 열게 된다. 그리고 본론 부분을 쓰고, 마지막에 결론으로 마무리하면 된다. 읽는 이의 마음이 방어적이지 않을 때, 내가 쓴 메시지 글도 잘 수용되니, 처음부터 끝까지 예의를 지켜 여유롭고 부담 없이 글을 쓰는 습관을 들이면 업무에 도움이 된다.

넷째, 맞춤법은 자판에서 F8 버튼을 눌러 수정하면 된다.

맞춤법이 틀리지 않도록 마지막 수정할 때는 F8을 자판에서 눌러 맞춤법을 맞춰보면 된다. 생각 외로 이 기능이 효과적이다. 웬만한 것은 다 수정이 되니, 간편하게 자판의 F8을 눌러서 수정하고 메시지 글을 보내면 된다. 업무적인 일로 글을 보냈는데, 맞춤법이 틀리면 신뢰감 떨어지니 F8을 활용해서 틀린 문구 없이 보낼 수 있도록 해야겠다.

메시지 글쓰기도 글 쓰는 방법으로 몸에 익히면 수월해진다. 메시지 글쓰기만 볼 것이 아니라 그 근원인 글쓰기에 관한 관심과 궁금점을 가져야 업무 중에 수도 없이 써야 할 메시지 글쓰기도 만만해질 것이다. 글쓰기의 가장 기본조차 우린 알아보려고 하지 않았다. 그렇기에 메시지 글쓰기가 점점 더 어려울수록 더 하기 싫은 일 중의 하나가 되었다. 글 쓰는 방법을 알고 그 방법대로 메시지를 쓴다면 메시지 글은 자유자재로 쓰면서 보건 업무도 웃으면서 하게 될 것이다. 글쓰기의 가장 기본적인 방법이라면, 문장을 길게 쓰지 말라는 것이다. 우린 말하듯이 글쓰기도 긴 문장으로 쓰려는 경향이 있다. 작가들도 긴 문장 사용은 자제한다. 한강의 소설책도 보면, 대부분 짧은 단문으로 쓰여 있다. 가끔, 장문이 있을 뿐이다. 문장을 짧게 써야 긴 글을 쓸 수 있다는 사실은 인지해야겠다. 그리고 우리가 익히 알고 있는 서론-본론-결론, 이것이 글의 기본 형식이란 것을 기억하자. 어떤 글에서도 이 형식으로 쓰면 된다. 도입부 서론이고 내가 글을 쓰게 된 이유를 본론에 적어주고, 결론에 한 번 더 나의 주장과 메시지를 강조하면서 마무리하면 된다. 이 형식대로 쓴다면 어떤 글도 의사전달이 잘 된 글이 될 것이다. 메시지 글이 언제쯤 나도 편해질 것인가? 고민하지 마라. 글쓰기의 기본 방법을 몸에 익히고, 그것을 보건 업무에 활용하길 바란다. 글쓰기의 기본 방법을 익히는 순서도 뒤쪽에 자세히 나올 것이다. 그것을 참고해서, 글쓰기를 내 직업에서도 내 삶에서도 적극적으로 활용하시길 바란다.

3장

만만하게 글 쓰는 비법은 바로 책 쓰기 도전이다

만만한 글쓰기는 긴 글쓰기가 편해져야 한다

아침에 출근하면 하루를 천천히 시작한다. 1교시는 여유롭게 시간을 보낸다. 월요일 1교시는 유독 보건실을 찾는 아이들이 많다. 아마도 주말에 아프거나 다쳤더라도 조금 참았다가 보건실을 찾는 듯 보였다. 주말에는 병원 외래가 운영되지 않는다. 그래서 병원을 꼭 가야 한다면 응급실로 갈 수밖에 없다. 그러니, 급하지 않으면 좀 참았다가 월요일에 병원을 찾는다. 병원 진료가 급하지 않으면 일단, 학교를 오고 그다음엔 병원 대신 보건실을 찾게 된다. 그래서 월요일 병원처럼 보건실 월요일도 북적거린다. 잠시 숨을 돌리려고 하면 또 찾아오고, 그렇게 1교시는 어영부영 지나간다. 월요일이 아니더라도 아침을 여유롭게 시작하기 위해 1교시는 특별히 계획을 잡지 않는다. 나는 업무를 시작하기 전, 하루 중 해야 할 일을 먼저 적는다. 수기로 적기보다는 컴퓨터를 열고, 파일 함을 열어서 "보건 일기"라고 적혀 있는 제목을 클릭해서 그곳에 매일 적는다. 이것이 업무보다 우선으로 하는 일이다. 보건실을 찾는 학생을 처치하고, 소소한 업무나 청소를 하다 보면 1교시는 금방 지나간다. 아예, 1교시는 하루를 여는 시간, 보건 업무를 위해 마음 준비하는 시간으로 활용하니까, 여유롭게 하루를 시작하게 된다.

보건 업무를 할 때도 나만의 루틴이 필요하다. 이 루틴이 보건 업무에 나를 최적화시켜준다. 루틴은 거창하지 않다. 보건 업무의 하루를 잘하기 위한 소소한 활동과 계획이 있다면 된다. 1교시를 여유롭게 시작하는 것도 나의 루틴이라고 할 수 있다. 아침에는 서서히 시작해서 조금씩 속도를 내면 된다. 하루라는 마라톤을 위한 시간을 위한 루틴이다. 마라톤선수가 처음부터 전력 질주를 하진 않는다. 42.195km를 완주하기 위해 처음에는 몸이 적응되도록 가볍게 러닝을 한다. 보건 24시를 위해서도 서서히 준비운동을 하는 시간이 필요하다. 빨리 뭔가를 한다고 해서, 내 마음처럼 빨리 이루어지는 것은 없다. 응급상황에 유연하게 대처하고, 아프고 다친 학생들을 여유롭게 대해주는 노하우가 바로 '1교시 여유롭게 시작하기' 같은 소소한 루틴에서 나온다.

"만만한 글쓰기!!"

글쓰기, 말은 쉽지만, 실상은 아니다. 글쓰기 생각하면 다들 힘들다고 여긴다. 나 또한 그랬었다. 그렇다면 만만한 글쓰기는 어떨 때 만만하고 자신감이 있다고 느끼는 것일까? 이것부터 정확히 감을 잡아 볼 필요가 있겠다. 우리가 가고 싶은 목표지점을 명확히 하는 것이 중요하기에 만만한 글쓰기를 위해 우리의 글쓰기가 어떤 상태, 어떤 수준에 도달하면 되는지를 생각해보는 것이다. 우선은 어떤 상황에서도 말하듯이 글을 쓸 때, 글쓰기가 만만하다고 할 수 있을 것이다. 예를 들어서, 얼마 전 우리 학교에서 2, 3학년 결핵 검사를 시행했을 때, 1교시부터 검사 시작인데 엑스레이 차량이 도착하지 않은 적이 있었다. 믿었고, '알아서 오겠지.'라고 계속 기다렸지만, 여전히 감감무소식이어서 결국, 담당자에게 전화했었다. 이유인즉, 엑스레이 차량 앞에 다른 차가 주차되어 있었고 그 차주와 연락이 잘되지 않아 오도 가도 못하고 있다고 말했다. 정말 난감했다. 학교에서는 1교시부터 엑스레이 촬영이 진행되는 줄 알고 있는데, 그래도 상황을 알려야겠다고 생각했다. 그래서 메시지 글을 작성했다.

"안녕하세요. 금일, 2, 3학년 결핵 검사를 1교시부터 실시할 예정이었으나 엑스레이 차량에 약간의 문제가 생겨서 현재 학교에 도착을 못 하고 있습니다. 도착하는 대로 다시 연락드리겠습니다."

당황스럽지만, 이렇게 간단히 메시지를 보냈다. 다행스럽게 문의 전화는 오지는 않았다. 메시지 하나 잘못 보내면, 득달같이 전화 오는 경우가 있다. 그럴 때는 또 전화 받느라고 일을 제대로 못한다. 당황스러운 가운데서도 메시지 글을 통해서 상황을 담담히 적어서 보낼 수 있는 것도 다행스럽다. 엑스레이 차량이 도착했을 때도 역시 메시지로 알리고 이제 곧 결핵 검사를 시작한다는 내용을 안내하면 된다. 수업 중에는 메시지 글을 못 보는 일도 있지만, 나중에라도 교사들이 글을 확인하니 일단은 메시지 글은 기본으로 보내놓아야 한다. 그리고 반 순서대로 검사를 진행하는데, 처음 하는 반은 내가 직접 교실로 가서 교과 교사에게 양해를 구하고 본관 앞의 엑스레이 차량으로 이동할 것을 전달한다. 이미 교과교사는 알고 있기에 원활하게 검사를 진행할 수가 있다. 이렇게 생각지도 못한 변수의 상황에서 보건교사는 전 교직원에게 상황을 알려야 할 때가 종종 있다. 이때, 글쓰기에 부담을 품고 있다면, 마음이 더욱 불편해질 것이다. 생각지도 못한 상황에서도, 아무렇지 않게 메시지 글을 써서 전달할 수 있다면, 글쓰기를 그래도 어렵게 생각하지 않고 있다고 말할 수 있겠다. 어떤 응급상황에서도 그냥, 말하듯이, 술술 글로 쓸 수 있다면 만만하게 글을 쓰는 사람이라고 할 수 있겠다.

만만하게 쓴다는 것은 글을 쓸 때 나름의 원칙을 가지고 쓴다고 볼 수 있다. 하루의 보건 업무를 원활히 수행하기 위해서 1교시를 서서히 시작하는 루틴을 가진 보건교사는 나름의 원칙을 가졌다고 본다. 자신만의 노하우인 것이다. 글을 쓸 때도 마찬가지이다. 짧은 글이든 긴 글이든 원칙이 있어야 편하게 원하는 만큼의 글을 쓸 수 있다. 긴 글을 쓰는데, 이런 원칙은 필수사항이란 생각이 든다. 나름의 원칙이 없다면 긴 글쓰기가 쉽지 않다. 그럼 긴 글쓰기는 얼마나 길어야 긴 글이라고 말할 수 있을까? 나는 긴 글의 기준은 A4 2장 정도로 본다. 이 길이를 쓸 수 있다면 어떤 글도 써낼 수가 있다. 보통 사람들은 마음먹고 긴 글을 쓰면 1장까지는 어떡하든지 쓴다. 주제에 따라서 다를 수가 있겠지만, 그래도 1장은 채운다. 그다음이 문제이다. 1장까지는 쓰는데, 1장을 넘기기 어려워한다. 더 이상 쓸 말이 없다. 주로 쓰는 흐름은 시간의 흐름에 의지해서 쓰는 것이 일반적이다. 그래서 더욱 쓸 말이 없어진다. 2장을 채우는 방법은 글쓰기의 원칙을 가지고 써야 가능하다. 이 원칙을 우리가 알아야지 긴 글쓰기에 자신이 생기고, 어떤 상황에서도 술술 써 내려가는 정도가 된다. 그래서 글쓰기가 정말 만만해져서 말하는 것보다 글로 쓰는 것이 더 편안하다고 느끼게 된다. 그 정도로 느끼는 수준이 되면은 글쓰기와 말하기는 그 사람의 소통 무기가 되어 말만 하는 사람보다 2배로 소통에 능해진다. 업무의 효과도 2배로 높아진다.

글쓰기 원칙을 알아야 긴 글쓰기가 편안해진다. 원칙의 가치는 글쓰기에서 여실히 드러난다. 자신이 쓰고 싶은 대로 마음대로 쓰면 처음에는 속도를 내지만, 뒤로 갈수록 흐지부지한 글이 된다. 하지만, 원칙을 가지고 쓰면, 뒤로 갈수록 힘 있는 글이 된다. 한마디로 뒷심이 생긴다고 볼 수 있다. 결국, 글쓰기의 원칙이 바로 글 쓰는 힘이 되는 것이다. 원칙을 안다고 해서 다 글쓰기가 편해지는 것은 아니다. 그것을 몸에 익혀야 글 쓰는 힘이 생기는 것이다. 몸으로 알고 몸으로 익혀야 할 것이 바로 글쓰기인데, 긴 글쓰기에 있어서는 이것이 바로 답이다. 그래서 글을 잘 쓰고 싶으면 무조건 글을 써야 한다는 말이 나오는 것이다. 수영을 배우고 싶은데, 유튜브 영상만 봐서 수영할 수 있겠는가? 직접 물속에 들어서 자유형, 배영, 평형, 접영을 어렵게 느껴지더라도 실제 해보면서 몸으로 인지하고 익혀야 배워나갈 수 있고 수영을 잘할 수 있다. 그것처럼 글쓰기도 마찬가지이다. 본인이 직접 쓰지 않고는 글쓰기를 잘하고 싶고 책도 쓰고 싶다는 욕심을 내서는 안 된다는 것이다. 직장인으로 직장에서 필요한 글만 쓸 수 있으면 좋겠다고 생각할 수 있는데, 그런 것은 따로 없다. 글쓰기는 다 마찬가지의 방법으로 몸에 터득해야 한다. 그래야 글쓰기를 내 삶으로 가져올 수 있는 것이다. 메시지 글이라도 긴 글쓰기의 원칙을 몸에 익혀야 좋아진다고 말할 수 있겠다. 업무 관련 메시지 글이 편해지기만을 바래겠지만, 그것보다는 글쓰기를 내 삶에 편하게 쓸 수 있는 정도로 정복해 보겠다는 마음 자세가 중요하다고 본다. 글쓰기가 편해지면, 메시지 글 쓰는 것은 크게 문제가 안 된다.

만만한 글쓰기는 결국, 짧은 글, 긴 글 다 만만해져야 가능해진다. 짧은 글은 우리가 평상시에 쓰고 있기에 문제가 안 된다. 긴 글쓰기가 문제이다. A4 2장 정도 쓸 수 있는 능력이 된다면 더 이상 글쓰기로 우리는 괴롭지 않을 것이다. 글쓰기를 이제는 누구나 마음 편히 써야 한다. 비대면의 방식이 대면의 방식과 함께 공존하고 있는 시대에 우린 살고 있다. 어떤 방식으로든 우리는 상황에 맞는 소통의 방식을 확보하는 것이 생존과도 관련 있다. 대면의 시대라면 크게 문제가 안 되는 글쓰기 능력이 이제는 직장인이라면 누구나 갖추어야 할 능력이 되었다. 특히, 보건교사는 글쓰기 능력이 예전과 달리, 더욱 필요한 능력이라고 말할 수 있다. 글쓰기 능력을 갖추기 위해서, 긴 글쓰기를 공략해야 한다는 점, 강조하고 싶다. 긴 글쓰기는 또한, 글쓰기의 원칙을 몸에 익혀야 가능하다는 점, 역시 강조한다. 글쓰기도 다른 기능처럼, 몸으로 익혀야 한다. 타고나지 않아도 충분히 습득할 수 있으니, 고정관념을 버리고 긴 글쓰기를 익히는데, 시간 투자를 해보길 바란다. 당신이 보건교사이기 때문에 더욱 글쓰기 능력을 키워야 함을 더 잘 알 것으로 생각해본다. 긴 글쓰기, 응원한다.

짧은 글은 누구나 쓰고 살지만, 부족하다

글을 안 쓰고 사는 사람은 없다. 글자를 잘 모르는 사람을 제외하고는 누구나 글을 쓰고 산다고 볼 수 있다. 글을 읽어야 할 상황도 많다. 글을 제대로 읽지 않았을 때 글을 읽는 사람에 비해서 여러모로 손해이다. 짧은 글이나 긴 글이나 세세하게 읽고 확인하는 사람이 살아남고 이득을 얻는 시대이다. 우스갯소리로 적어야 생존한다는 의미의 '적자생존'에 추가하여 읽어야 생존한다는 '읽자생존'의 시대라고 말하고 싶다. 보험을 들 때, 우린, 특히, 이런 점을 많이 느낀다. 회사에 유리한 상황이나 보험자에게 불리한 상황에 대해서는 작은 글씨나 짧은 글로 적어 두어 보험자가 확인하지 못하고 넘어가는 경우를 우린 익히 알고 있기에 그런 부분까지 세세히 읽고 확인해야 한다. 읽기와 쓰기에 강할수록 이득이 되는 시대가 바로 지금의 시대가 아닌가 싶다. 젊은 사람은 다행인지 불행인지 나이 든 사람보다는 글에 관해서 조금 더 편하게 받아들이는 듯하다. 워낙, 통신 매체가 발달했고, 온라인 커뮤니티에도 익숙하기에 글로 소통하는 것에 거부감은 적다. 어떤 보건교사가 나에게 이런 말을 했었던 것이 기억난다. 그 보건교사는 2인 보건실에서 근무서고 있었는데, 자기보다 나이가 젊은 보건교사가 한 공간에서 일하면서 글로만 소통하자고 했다고 했다. 그런 요구에 정신적으로 혼란스럽다고 토로했다. 자신이 무엇을 그렇게 잘못했기에 같은 공간에서 사람 얼굴을 안 보고 글로만 소통해야 하는지 깊은 시름에 빠졌다고 한다. 한 공간에서까지 말보다는 글쓰기를 선호한다면 그것은 다른 속사정이 있을 수 있다는 생각이 든다. 이런 상황에서는 글보다는 마음의 문을 열고 말로 소통해봐야 할 상황인듯하다. 그래야 쌓인 오해가 더 깊게 상처가 되지 않을 것이란 생각이다. 이런 극단적인 상황은 일반적이지 않다. 보통은 소소한 글쓰기로 우린, 말로 다 하지 못했던 소통을 글로써 보충하며 그렇게 일하면서 살아가야 한다고 볼 수 있겠다.

내가 아는 작가 한 사람은 1꼭지 글을 쓸 때 2장을 항상 채우지 못했다. 나는 책 쓰기 경험과 노하우를 공유하면서 공저를 쓰고 있다. 1꼭지는 A4 용지 2장을 채워야 함을 평상시 강조했다. 본인도 그것을 잘 알고 있다. 나는 1꼭지를 2장 채우지 못하면 피드백을 주지 않겠노라고 이야기했었다. 그래서인지, 공저를 함께 쓰는 작가인데, 공저 완성 날이 다 되도록 꼭지 글을 한 개도 나에게 보내지 않았다. 물론, 개인 저서도 쓴 작가이다. 여러 번 책을 출간했기 때문에 걱정을 하지는 않았다. 그래도 너무 공저 꼭지 글이 감감무소식이라 개인 톡을 보내보았다. "안녕하세요. 작가님, 공저 초고는 잘 쓰고 계시는가요?", 답장이 왔다. " 네, 작가님, 잘 쓰고 있습니다. 진도가 잘 안 나가서 그렇지, 초고 완성 날까지는 맞출 수 있을 것 같아요." 그제야 나는 안심이 되었다. 크게 걱정을 한 것은 아니었지만, 그래도 확인이 되었으니, 기다리기만 하면 되는 것이다. 그런데 알고 봤더니, 이 작가는 여전히 2장을 채우지 못해서 본인은 일단 초고를 다 쓰고 나중에 다시 추가로 채우려 했다. 1꼭지 글 쓰는 방식은 정해져 있다. 서론에 2문단 혹은 1문단, 본론에 4문단, 결론에 1문단, 이렇게 7문단~8문단으로 1꼭지를 보통 채운다. 융통성 있게 기본 형식에서 변형할 수는 있지만, 나는 되도록 이 기본양식에 맞춰서 쓰라고 말한다. 기본양식이 확실히 내 몸에 스며들면, 그때는 1꼭지 쓰는 양식이 헷갈리거나 흔들리지 않는다. 다양한 방식으로 쓰더라도 기초 뿌리가 탄탄하여서 시간이 아무리 지나도 다시 1꼭지 쓰는 기본 틀로 돌아올 수가 있다. 기본 형식대로 쓰면 무조건 2장이 넘게 되어있다. 그런데, 이 작가가 자꾸 1꼭지를 쓰고 나서도 2장이 안 되는 이유는 기본 형식에 변형을 주었기 때문이다. 본론에 4문단 쓰는 것이 가장 중요한 틀인데, 본론을 2문단이나 3문단으로 쓰니 2장을 넘기지 못하게 되는 것이다.

책을 쓴 작가라도 나쁜 글쓰기 습관이 생길 수 있다. 좋은 습관은 유지하고 나쁜 습관은 고쳐나가야 한다. 이제 글을 쓰기 시작하는 사람도 마찬가지로 좋은 습관이 몸에 밸 수 있도록 노력해야 한다. 1꼭지 쓰는 법, 본론에 4문단으로 쓰기, 이것을 내 몸에 습관으로 만들었다면, 1꼭지 2장이 되지 않는 상황은 발생하지 않는다. 하지만 쓰다 보면, 과거의 방식대로 자기식대로 본론을 2문단이나 3문단으로 채우게 된다. 습관이란 것은 정말 끈질기다. 스스로 바꾸지 않으면 어느 순간 그 행동을 하는 자신을 발견한다. 우리가 배드민턴을 배운다고 가정해보자. 배드민턴에서 셔틀콕을 칠 때는 백스윙 자세를 취했다가 허리부터 돌리면서 팔꿈치-손목 순서로 돌려서 콕을 쳐야 하는데, 허리, 팔꿈치 돌리는 것은 생략하고 바로 손목부터 칠 경우가 있다. 이것은 의식적으로 매번 치면서 염두에 두어야 할 부분이다. 그런데, 한번 습관이 잘못 들었다면, 바꾸는데 쉽지 않다. 차라리 아무것도 모르는 초보자가 더 빨리 배우고 제대로 칠 수가 있다. 기존 어설프게 배운 사람은 나쁜 습관을 버리고 새롭게 익혀야 하기에 2배의 이상의 시간이 걸리는 것이다. 그 정도로 습관을 바꾸는 것은 꾸준한 노력과 인내가 필요한 것으로 글쓰기에서도 역시 마찬가지이다. 나쁜 습관이 될 것이란 판단이 드는 것은 의식적으로 피해야 한다. 1꼭지는 본론에서 반드시 4문단으로 쓰려고 노력해야지 나중에 2배의 시간을 소비하지 않게 되고 본인도 덜 번거롭게 1꼭지 글을 써낼 수가 있다. 책 쓰기도 그만큼 수월해지는 것이다.

블로그나 인스타그램에 팔로워 수도 많고 아주 열심히 쓰는 사람들이 많다. 그들의 글을 읽어보면, 정말 어떤 작가 못지않게 잘 쓴다. 하지만, 한 가지 이상스러운 것은, 이렇게 글을 잘 쓰고, 매일 글을 인스타그램에 올리지만 출간한 책이 없다. 왜 책은 안 쓰는지 신기하다. 솔직히, 나보다 글을 잘 쓰는 사람이라고 확신하는 사람조차도 출간한 책은 없다. 그 이유를 곰곰이 생각해보면, 아마도 그 사람의 글 그릇이 책 쓰는 작가와 다르기 때문일 것이다. 블로그나 인스타그램 글은 아무래도 책 쓰기의 가장 기본인 1

꼭지 글보다는 글의 길이가 짧다고 할 수 있다. 블로그는 길게 쓸 수도 있지만, 그래도 SNS 활동을 한다는 마음가짐으로 한다면 글 길이에 대해서는 특별히 부담감을 느끼지 않고 쓰게 된다. 그래서 보통은 1꼭지 글의 양만큼 길게 쓰지 않는다.

글쓰기에 날개를 달았다는 느낌이 들 정도로 자유롭게 쓸 수 있는 것은 A4 2장 분량의 글을 쓸 줄 알 때이다. 핵심 위주로 짧게 글을 쓸 때는 특별히, 모든 할 말을 원 없이 했다는 느낌보다는 그냥 단편적으로 내가 하고 싶은 말이나 내 일상사를 간단히 보여주었다는 느낌일 것이다. 요즘 대세인 인스타그램에서도 그렇게 길게 글을 쓰는 사람은 없다. 아무리 좋은 내용일지라도 긴 분량과는 거리가 멀다. 블로그도 마찬가지이다. 어떤 형식도 없이 그저 자신이 쓰고 싶은 내용을 자기 방식대로 글로 써놓았다. 긴 글을 써볼 때, 진정, 글쓰기가 하나의 소통 수단이 되다는 사실을 느끼고 깨닫게 된다. 짧은 글일 경우에는 그저, 글쓰기로 인해 자유로움을 느끼기보다는 단편적으로 소식을 전하거나 정보를 제공하는 정도가 된다. '오늘도 무사히 SNS에 글을 올렸다.' 정도의 감흥만이 글을 읽는 사람도 쓰는 사람도 느낄 뿐이다. 말도 마음 깊은 곳의 이야기를 술술 해낼 때 후련함이 느껴지듯이 글도 내 안의 깊은 것을 술술 써 내려갈 때 시원한 느낌과 함께, 자유로움을 경험하게 된다. 짧은 글만 쓸 때와는 상황이 완전히 다른 것이다. 긴 글을 쓸 수 있어야지 짧은 글쓰기와는 다른 감정을 느낄 수 있다.

요즘 시대, 짧은 글은 누구나 쓰면서 살고 있지만, 그것으로 부족하다. 긴 글을 써보지 않고는 짧은 글과 긴 글의 다른 느낌, 다른 결과를 잘 모른다. 글이라고 한다면 그래도 긴 글을 자유자재로 쓸 줄 알 때, 내 삶에서 글쓰기의 효과를 일으킬 수가 있다. 짧은 글은 아무리 많은 글을 쓰더라도 내 내면 깊은 것에 대한 표현에 한계가 있다. 물론, 시를 쓰는 사람일 경우, 짧은 글을 통해서 깊은 내면을 드러내겠지만, 보통 사람은 그렇게까지는 하기가 쉽지 않다. 긴 글을 쓸 수 있을 때, 모든 내면을 자유자재로 드러내게 된다. 짧은 글만 쓰지 말고 긴 글을 쓰려고 노력해보길 바란다. 긴 글을 쓸 때, 글쓰기가 삶에 진정 보탬이 되는 효과를 발휘한다. 업무 관련 글을 쓸 때도 내가 할 수 있는 한계치의 제한이 없기에 맘껏 글을 쓸 수 있다. 습관이 무서운 것이다. 내가 평상시 쓴 분량대로만 쓰게 된다. 써야 하고 쓸 말이 있더라도 더 이상 글이 잘 안 써진다. 평상시 글의 분량을 늘려보자. 긴 글을 쓰기 위해서 어떻게 해야 하는지, 고민도 해보시길 바란다. 글쓰기가 내 삶에 정말 도움이 될 그날이 얼마 남지 않았다.

긴 글쓰기에 자신감을 가지려면 책 쓰기 도전!!

작년에 이어 올해도 1급 보건교사 연수 강사로 초대를 받았다. 작년에 처음 연락받았을 때는 심장이 멎는 줄 알았다. 보건실에서 강의 요청 전화를 받았다. 근무 중에 전화를 받고 '와! 드디어 책 쓰기에 대한 강의 요청을 받는구나, 정말 감동적이다. 이 기분을 무엇으로 표현할 수 있을까?'라고 생각했다. 전화를 건 사람은 보건교사 출신이면서 1급 보건교사 연수의 책임을 맡은 청주지역의 모 고등학교 교장 선생님이셨다. "여러 권의 책을 쓰셨더라고요. 정말 대단하십니다. 우리 1급 보건교사 연수받으시는 선생님들에게 선생님의 열정 가득한 보건교사로서의 삶을 들려주셨으면 합니다." 교장 선생님의 말씀도 너무 감동적이었다. 그리고 내가 어디에 근무를 서는지 몰라서 경기도교육청에 나의 근무지를 물어서 학교 보건실로 연락했다고 했다. 전화를 끊고 나서 나는 어떤 이야기로 강의할지 고민했다. 열정적이면서 보건 교사에게 실질적인 도움이 되는 강의를 하고 싶다는 욕심이 생겼다. 결국, 준비한 강의는 역시 '책 쓰기'에 관한 내용이었다. 강의 후에 보건교사가 책을 써야 하는 이유란 원고를 완성했다시피, 그때의 강의는 대부분, '책 쓰기'에 관한 내용을 주로 강의했다. 강의를 마치고 지금 다시 생각해보니, 보건교사가 글쓰기도 어려워하는데, 책 쓰기를 바로 강조했으니 현실과 이상의 괴리감을 느끼지 않았을까? 생각했다. 차근차근 가는 것이 맞다. 경험상, 결국, 보건교사에게 가장 유익한 일 중의 하나가 책 쓰기이지만, 그것을 하기 위해서는 다른 접근법이 필요하다는 생각을 2번째 강의 준비를 하면서 생각하게 되었다.

내가 생각한 강의 흐름은 글쓰기에 관한 내용부터 시작하자는 것이었다. 직장인들에게 가장 필요한 역량이 이제는 글쓰기 능력이다. 보건교사에게는 특별히 더 글쓰기 능력이 필요한데, 감염병 상황을 생각해본다면 쉽게 이해가 될 것이다. 얼마 전까지 기승을 부려 전 세계를 공황 상황에 빠트렸던 코로나19 팬데믹을 다시 상상해보자. 이때는 사람 얼굴을 볼 수 없는 시대였다. 되도록 비대면을 권장했고, 대면하더라도 마스크를 써서 얼굴의 반을 가리고 눈 밑으로는 얼굴을 보지 않은 상태에서 소리만 듣고 소통해야 했다. 이런 상황에서 보건교사는 어떻게 감염병 예방 교육을 해야 하고, 다른 기타 보건 업무협조를 구할 수 있을지 난감했을 것이다. 그저 글로 모든 것을 해결해야 할 상황이었다. 끝없는 예방 교육도 글쓰기로 해결해야 했다. 예방이 정말 중요하다. 질병 예방은 물론이거니와 안전사고 예방도 가정통신문을 보내더라도 메시지 글로도 주기적이고 반복적으로 알려주어야 한다. 어쩌면 얼굴 보고 단발성으로 교육하는 것보다는 얼마든지 반복이 가능한 글쓰기, 잊을 만하면 머리에 자극되도록 글로 보낸다면 더 효과적이다. 코로나19가 끝난 지금도 마찬가지이다. 그렇기에 보건교사는 글쓰기, 이제는 해야 한다. 그리고 글쓰기 능력 키우는 방법이 바로 책 쓰기란 사실을 인지해야 한다. 경험상, 책 쓰기 도전만으로도 글쓰기 능력은 향상할 수가 있다. 그래서 그 흐름으로 글쓰기 관련 인문학 강의를 1급 보건교사 연수받는 보건교사에게 실시했고 글 쓰는 보건교사의 삶을 사는데, 다소 도움이 되는 강의였다고 스스로 평가해본다.

긴 글쓰기란 무슨 의미일까? 어떤 사람은 긴 글쓰기 하면 문장을 길게 쓰는 것을 생각하는 경우가 있다. 문장을 길게 쓰는 것을 말하는 것이 아니라, 글의 분량을 길게 쓴다는 것이다. 문장은 당연히 짧게 써야 한다. 우리가 잘 안 되는 것 중의 하나가 문장을 짧게 쓰는 것이다. 문장을 짧게 써야 긴 글을 쓸 수 있다. 그런데, 반대로 문장을 말하듯이 길게 글을 써왔기 때문에 글쓰기가 그동안 어려웠다. 책을 처음 쓸 때, 가장 먼저 듣는 이야기가 "단문으로 쓰라."이다. 이것을 또 잘 이해 못 하고 모든 문장을 단문으로만 쓴 경험이 나에게는 있었다. 어린아이가 말할 때, 단문으로 이야기한다. " 나는 배고파. 밥 줘. 엄마 밥 줘, 배고파." 이것은 4문장으로 이루어진 내용인데, 아이들이 주로 이렇게 짧게 짧게 표현한다. 긴 문장으로 표현할 두뇌 발달 상황이 아직은 안 되었기 때문이다. 뇌가 어느 정도 발달해야 문장도 길게 말할 수 있다. 단문만 쓰면 아이들이 말하는 것과 같은 느낌이 든다. 그래서 단문 위주로 쓰되, 단, 길게 쓸 때는 긴 문장으로 써야 한다. 단문은 주로 1줄을 안 넘기는 길이가 되고 긴 문장이라면 2줄, 3줄, 4줄까지도 쓸 수가 있다. 4줄 쓸 때까지 "~다."가 안 나오는 것이다. 그래서 단문만 쓰라는 것이 아님을 재차 강조한다. 정말 무식하게 글쓰기에 대해서 문외한이었던 나는 그대로 받아들여 단문만 쓴 적이 있어서 혹시나 나와 같은 실수를 하는 사람이 있을까? 그 부분, 먼저 알려준다. 문장은 주로 단문으로 쓰되, 가끔 긴 문장도 쓰는 것이 자연스럽다고 재강조한다.

앞에서도 잠깐 이야기했지만, 결국, 긴 글을 쓰려면 단문으로 짧게 쓸 수 있어야 가능하다. 글쓰기를 처음 접하거나, 잘 하지 않은 사람일수록, 장문으로 쓰는 경향이 있다. 그렇게 쓰면 주어와 서술어가 매칭이 잘 안 된다. 예를 들어서 " 나는 아침에 미역국이 잘 끓여졌다."라고 했을 때, 주어는 "나는"이다. 그런데 서술어는 "끓여졌다."이다. 앞뒤 말이 안 맞는 것이다. 내가 어떻게 끓여지겠는가? 한 문장을 길게 쓰다 보면 이런 문장이 반드시 있다는 것이다. 문장을 길게 쓰는 사람일수록, 주어와 서술어 매칭이 잘 안 맞을 수 있고, 또 글이 꼬이는 경향이 있다. 쓰면서도 무슨 말을 쓰는지 헷갈린다. 문장이 너무 길기 때문인데, 문장을 짧게 쓰면 해결이 될 것을 계속 쓰던 대로 쓴다. 그런 글일 경우, 글을 읽는 사람은 덩달아 짜증이 나고 시간 낭비란 생각을 하게 될 수가 있는 것이다. 그런 글로 읽는 사람을 고문하는 것이다. 그래서 읽는 사람을 탓할 것이 아니라 자신의 글 쓰는 스타일을 바꿔야 하는데, 가장 기본은 단문으로 쓰는 습관부터 가져야 한다는 것이다. 책 쓰기를 하면, 단문 쓰기가 연습이 되어 긴 글쓰기가 수월해진다고 말할 수 있겠다.

책 쓰기를 하면 왜? 긴 글쓰기에 자신감이 생기는 것일까? 책 쓰기에 대해서 전혀 모르는 사람에겐 순서가 바뀐 것으로 생각할지 모르겠다. 글쓰기와 책 쓰기, 물론 글을 잘 쓰면 책 쓰기가 유리하다. 하지만, 글을 잘 쓴다고 책을 쓰는 것은 아니다. 책을 쓰면 글을 잘 쓰게 된다는 논리는 어쩌면 생각해보지 않은 사람들이 대부분일 것 같은데 책 쓰기를 글쓰기 향상의 방법으로 활용해야 한다. 책 쓰기에 도전한다면, 책을 쓰든 못쓰든 글쓰기 능력향상이라는 소기의 목적은 이룰 수 있다. '글을 못 쓰는데, 어떻게 책을 쓰냐?' 하는 의문을 가질 수 있다. 글쓰기도 배우고 익히면 된다. 결론적으로 글을 잘못 쓰더라도 책 쓰기 도전하면 글쓰기 능력에 긍정적인 변화가 있다. 자신도 모르게 글쓰기 능력이 성장이 한다. 책을 쓰면 글쓰기 실력이 좋아지는 이유는 책 쓰는 과정에 그 답이 있다.

긴 글쓰기 능력의 해법이 책 쓰기 도전이라고 했을 때, 책 쓰기 도전이 어떤 방법으로 이루어지는지 알면 쉽게 이해할 수 있다. 책 쓰기 도전에서 가장 먼저 강조하는 부분이 자판 필사이다. 이 자판 필사로 인해 긴 글 쓰는 몸을 만들어갈 수가 있다. "자판 필사" 용어 자체도 생소할 것이다. 나는 손으로 하는 필사가 아니라 자판으로 쳐서 베껴 쓰는 필사라고 해서 '자판 필사'라고 이름을 붙였다. 누군가는 '타이핑 필사'라고도 하는데, 내가 생각하기에는 타이핑 필사보다는 기존에 있던 '손 필사'와 대조되도록 '자판 필사'로 하는 것이 더 적합하다는 생각이다. 내가 처음 자판 필사를 했을 때는 책 쓰기 위해서 자판 필사를 하라고 강조한 코칭자는 거의 없었다. 지금은 상황이 달라진 것 같다. 나는 인생 첫 책 출간을 2017년 말쯤 했었다. 그때도 자판 필사에 대한 존재를 아는 사람이 거의 없었다. 나는 자판 필사를 발견이라고 생각한다. 필사하면 무조건 손으로 직접 쓰는 것만을 고정관념으로 가지고 있었는데, 어떻게 자판으로 치는 필사를 생각하게 되었는지? 지금도 나 자신이 신기할 따름이다. 아마도 간절함으로 내 깊은 자아는 나에게 자판 필사를 발견하게 했던 것으로 생각해본다. 우리 내면의 깊은 자아는 우리가 필요한 것들에 대한 답을 적시에 제공한다. 그것이 바로 우리 내면의 잠재의식이다. 간절함으로 계속 생각하고 고민할 경우, 깊은 내면의 자아는 왕성하게 활동하면서 해답을 제시해 주니, 어떤 어려움에 있다 하더라도 포기하지 말고 답을 찾아야겠다. 자판 필사는 1꼭지씩 매일 자판으로 쳐서 필사한다. 그렇게 매일 하다 보면, 손가락 근육, 어깨 근육, 몸의 근육은 물론이거니와 마음의 근육까지 발달하여 긴 글쓰기를 아무렇지 않게 쓰게 된다. 긴 글쓰기 근육이 생기는 것이다. 몸은 정직하다. 우리가 1꼭지 글, 즉, A4 2장 분량을 매일 자판으로 칠 때, 심신이 긴 글쓰기에 익숙해진다.

긴 글쓰기에 자신감을 가지려면 일단, 평상시에 긴 글을 써야한다. 긴 글을 어떤 방식으로 쓸 수 있겠는가? 처음부터 연습도 없이 바로 자신의 글을 쓸 수는 없다. 처음부터 자신의 글을 쓰려고 한다면, 긴 글은 고사하고 짧은 글쓰기도 힘들어서 중간에 포기할 수도 있다. 글쓰기 능력을 키우려는 사람이 가장 쉽게 하는 실수가 바로 처음부터 자신의 글을 쓰려고 한다는 사실이다. 배우고 익히지도 않고 어떻게 글을 쓸 수가 있겠는가? 처음부터 자신의 글을 쓰려고 했던 우리의 실수 때문에 글쓰기가 우리에게 익숙하지 않은 것이다. 처음에는 가볍게 베껴 쓰는 것부터 하면 된다. 그것이 바로 필사이다. 손으로 하면 힘드니까 손보다 쉬운 방법인 자판으로 쉽게 글쓰기에 접근해야 한다. 자판 필사를 하면 긴 글 베껴 쓰기도 가능하다. 남의 글이라도 긴 글을 내가 베껴 쓰면서 긴 글쓰기는 점점 나에게 특별한 일이 아니게 되고 익숙하게 변화되는 것이다. 이런 과정을 거치는 것이 바로 책 쓰기 과정이기 때문에 자판 필사만 하라고 하면 잘 도전하지 않으니까, 다른 사람과 같이 공저 책 쓰기를 통해서 자판 필사의 세계로 들어가면 되는 것이다. 책 쓰기도 혼자서 하는 것이 있고 함께 하는 것이 있다. 처음에는 혼자보다는 함께 하는 공저 쓰기부터 하면 된다. 함께 하면 멀리 간다고 했다. 함께 공저도 쓰고, 그 과정을 통해서 긴 글 쓰기 실력도 쌓으면 되는 것이다. 무엇이든지, 어려우면 쉽게 포기할 수 있다. 그것만 하면 집중할 수 있겠지만, 생활인으로서 하는 일이 많기에 무조건 쉬워야 오래 하게 되고 잘하게 된다. 긴 글 쓰기도 이런 면을 충분히 받아들여서 쉽게 자판 필사부터 하는 책 쓰기에 도전하면서 나의 능력으로 갖추길 바란다.

책 쓰기를 글쓰기 수단으로 삼아라

"책을 내가 어떻게 쓰겠어?"

책은 특별한 사람만 쓰는 것으로 알고 있다. 책 쓰기란 단어 자체가 내 인생에는 익숙해질 가능성은 제로라고 생각한다. 하지만, 요즘은 누구나 책을 쓰는 시대라고 하지 않는가? 평범한 사람도 책을 쓰는 시대이다. 평범하지만 책을 쓰는 이유 중 하나가 지금은 과거와 달리 책을 쓰는 것도 손이 아닌 자판으로 하기 때문이다. 한글 프로그램을 열고, 자판으로 원고를 쓴다. 수정하기도 쉽다. 삭제할 부분을 블록 지정하고 "Delate" 버튼을 누르기만 하면 삭제된다. 아니면 "Backspace" 키를 누르면 뒤에서부터 차례로 삭제가 된다. 여러 방법으로 쉽게 쓴 글자를 지울 수 있다. 비슷한 내용은 복사+붙여넣기를 하면 금방 많은 양을 채울 수 있다. 물론, 수정한다. 얼마든지 긴 글을 써내기는 쉬워졌다. 삶을 글로 써내는 기술만 조금 익히면 얼마든지 A4 2장을 써낼 수 있는 모든 여건이 다 갖추어져 있다. 책 쓰기를 과거처럼 생각할 필요가 없다. 우리가 책을 못 쓰는 이유는 우리의 글 쓰는 능력이 부족해서가 아니라 우리의 사고 때문이다. '나는 책 못써!, 평범한 내가 책을 어떻게 쓰겠어?'라는 사고방식 때문에 도전을 하지 않고 결국, 책 쓰기 근처도 못 가게 되는 것이다. 보건교사도 마찬가지이다. 책 쓰기는 보건교사인 내가 할 수 있는 영역이 아니라는 확신을 마음 속에 품고 있다. 그러니, 책 쓰기에 관한 생각, 자체를 안 하게 되는 것이다. 학교에서 근무 설 때, 메시지 글을 쓸 때마다 고심하면서도 이것을 어떻게 해야 내 삶에서 조금 편하게 글을 쓸 수 있을지를 연구하지 않는다. 글쓰기를 해결할 분명한 방법이 있는데도 자기 생각에 갇혀서 글쓰기 능력을 해결할 그 비법을 찾으려고 하지 않는다. 글쓰기가 어렵다고 느낀다면 이제 책 쓰기에 관심을 가질 때이다. 책 쓰기를 통해서 글쓰기가 해결된다니, 안 할 이유가 없다.

책 쓰기를 글쓰기의 수단으로 보통 생각하지 못한다. 왜냐하면 사람들은 책 쓰는 것보다는 차라리 글쓰기가 쉽다고 생각하기 때문이다. 그렇게 생각했기 때문에 글쓰기도 책 쓰기도 못 하는 것이다. 어쩌면 글쓰기가 더 큰 장벽일 수가 있다. 글쓰기가 최종목표라고 했을 때, 책 쓰기는 하나의 과정일 뿐이다. 글쓰기를 어떻게 정복할까? 보건교사 중에도 고민하는 사람이 많을 것이다. 아예, 글쓰기는 타고나야지만 된다는 고정관념 때문에 극복할 생각 자체도 못 할 수도 있다. 아마도 대부분 보건교사가 글쓰기에 한해서는 이런 상태라고 여겨진다. 나 역시도 예전에는 그렇게 생각했다. 글쓰기는 극복할 수 없는 대상이 아니라 극복할 수 있는 대상이란 것을 누군가가 귀에 딱지가 앉도록 이야기해 주어야 의심을 조금씩 풀어나간다. 그 정도로 고정관념은 매우 강하다. 구체적으로 책 쓰기를 글쓰기의 수단으로 감히 생각 못 하는 이유를 정리해 보자면 다음과 같다.

첫째, 글쓰기가 어느 정도 되어야 책 쓰기가 가능하다고 생각한다.

글쓰기와 책 쓰기의 순서를 보통은 내가 생각하는 것과 반대로 생각한다. 글쓰기를 조금 편하게 여기는 사람이, 책 쓰기도 도전한다고 여긴다. 하지만 아니다. 책 쓰기를 도전하는 사람이 결국 글 쓰는 삶을 살 수가 있는 것이다. 책 쓰는 과정을 보면, 그 과정 자체만으로도 충분히 글쓰기 훈련이 된다는 것을 알게 된다. 책 쓰기를 생각하지 않는다면 책 쓰는 과정 자체도 잘 모를 수가 있다. 〈책성원〉 온라인 커뮤니티에서는 책을 쓰고자 하는 사람에게 가장 먼저 요구하는 것이 쉬운 책 한 권 구매해서 자판 필사하라는 것이다. 그저 자판으로 치면서 베껴 쓰라는 것이다. 그런데, 자판으로 치니까, 짧은 글을 치는 것이 아니라 소제목 하나의 긴 글을 치는 것이다. 소제목 하나의 글은 대략, A4 2장 분량의 글이 된다. 그 분량으로 계속 자판 필사를 해 나가는 것이다. 작가들도 요즘은 손으로 책을 쓰는 것이 아니라 자판으로 글을 쓴다. 책 쓰기를 도전하면 자판 필사로 작가처럼 많은 양의 글을 쓰게 된다. 처음에는 외향만 작가처럼 그랬지만 시간이 지나면서 자판 필사하듯이 내 글도 쓰게 되어, 진짜 작가로 변화되어 간다. 만만한 글쓰기는 책 쓰는 과정을 통해서 가능하게 되는 것이다.

둘째, 글을 잘 써야 책을 쓴다고 생각한다.

한마디로 글을 잘 쓰는 사람은 오히려 책을 잘 못 쓴다. 못 쓴다는 표현이 맞다. 본인은 다른 사람보다는 글을 잘 쓰기 때문에 언제든 책을 쓸 수 있을 것으로 생각한다. 그래서 2년 후, 3년 후, 5

년 후, 책을 쓰겠다고 미룬다. 하지만, 그 시간이 되어도 다시 뒤로 연기한다. 본인이 글을 잘 쓴다고 생각했지만, 막상 쓰려고 하면 잘 안 되기 때문이다. 사실, 글을 잘 쓰는 것과 책을 쓰는 것은 다르다. 글을 잘 쓴다는 것은 긴 글보다는 짧은 분량의 글일 가능성이 크다. 길어도 A4 1장 정도일 것이다. 하지만, 책 쓰기는 그것보다 더 긴 글을 쓴다. A4 2장 분량을 쓴다. 1장 쓰기와 2장 쓰기는 별 차이가 없는 것 같지만, 차이가 크다. 글 잘 쓰는 사람은 A4 1장을 쓸 수 있을 것이고 글을 잘 못 쓰더라도 책 쓰기에 도전하고 자판 필사를 꾸준히 하는 사람은 A4 2장 분량을 써낸다. 글쓰기 실력은 긴 글을 쓸 수 있어야 진정한 실력이라고 말할 수 있다. 글의 길이가 짧을수록 쓰기가 쉽다고 할 수 있다. 글쓰기 재능을 타고났다고 하더라도 책 쓰기 도전해서 쌓은 긴 글쓰기의 실력을 따라올 수가 없다. 재능보다는 노력이 항상 빛을 발하듯이 글쓰기에서도 마찬가지이다. 책 쓰기 도전이란 노력으로 글쓰기는 긴 글도 짧은 글도 만만하게 쓸 수 있게 되는 것이다.

1급 보건교사 연수 강의를 준비하면서 나는 깨달았다. 보건교사는 이제, 더이상 글쓰기를 보건 업무와 상관없다고 옆으로 밀쳐두어서는 안 된다는 사실을 말이다. 나는 아침마다 1꼭지 글을 쓰기 위해 노력한다. 이런 노력은 나에게는 작가로서 계속 책을 쓰기 위함이다. 하지만, 보건 업무를 잘하는 방법으로 글쓰기를 연마하고 싶은 보건교사라면 책을 쓰기 위한 목적보다는 글쓰기를 최종목적으로 책 쓰기를 도전해 보길 강조하고 싶다. 처음 내가 책 쓰기를 도전한 목적은 개인적인 삶이 너무 힘들어서 다른 삶을 한번 살아보고자 하는 욕망으로 시작했었다. 책 1권 출간이 목적이 아니었다. '책 쓰기가 힘들다고 해도, 지금, 이 상황보다 더 힘들겠어? 어디 한번 해보자.'라는 마음으로 책 쓰기 시작했다. 홀로 근무서는 보건교사는 자칫, 마음의 상처를 받을 수 있는 위치이다. 학교에서 보건 업무에 대해서 세세하게 잘 아는 사람은 거의 없다. 외딴섬처럼 보건교사는 아무도 알아주지 않는 보건 업무를 묵묵히 해 나간다. 누군가 진심으로 알아주면 감동할 정도로 마음이 허한 상태일 가능성도 크다. 그런 상황에서 무심코 하는 말에 상처받는다. 내가 책 쓰기 시작했을 때, 그런 상황이었었던 것 같다. 그래서 나는 자신의 능력치를 시험해 보고 힘든 마음의 상처를 치료할 목적으로 책 쓰기를 도전했었다. 그리고 책 1권 써내고 난 뒤, 결국, 마음의 상처는 어느 정도 치유가 되었다. 상처로 인한 자리에 새살은 돋았고, 강한 내면의 소유자로 탈바꿈한 것 같다. 처음 시작은 그렇다. 보통은 책 1권 출간을 목적으로 하기보다는 지금 있는 위치에서 가장 부족한 부분을 채워가기 위한 목적으로 책 쓰기 시작하면 된다. 보건교사라면 업무 특성상 글쓰기를 극복해야 하기에 글쓰기 능력을 키우는 목적에 가장 적합한 책 쓰기를 도전해야 한다고 나는 강조한다.

책 쓰기를 단순하게 생각해라. 거창하게 생각하지 말아야겠다. 무슨 거창한 책을 쓰기 위한 것도 아니고, 베스트 셀러를 쓰라고 말하는 사람도 없다. 그저, 가볍게 생각하고 시작하면 된다. 우린, 너무 완벽히 하려는 경향 때문에 시작을 잘 못 한다. 처음부터 완벽할 수 없다는 것을 너무나 잘 알고 있지만, 새로운 시작의 앞에서는 항상 "완벽"에 가깝게 뭔가를 준비한 후 시작하려고 한다. 시작하고 해보지 않으면 무엇이 필요한지도 잘 모른다. 불가능을 위해 시간 낭비하지 말자. 책 쓰기를 책 1권 출간을 목적으로 생각하지 말아야겠다. 그런 생각 때문에 더욱 시작을 못 한다. 책 쓰기의 목적을 책 1권 출간 외에도 다양한 목적으로 시도할 수 있다. 내가 강조하는 것은 글을 조금이라도 편안하게 쓸 수 있는 것이 목적이다. 그 목적으로 책 쓰기 도전해도 된다.

책 쓰는 목적을 책 1권 출간으로 정하지 말고 '글쓰기 조금 쉽게 쓰자!'를 목적으로 해보자. 책 쓰기 도전하는 사람, 대부분이 책을 써내는 것은 아니다. 하다가 실패해도 괜찮다. 반드시 책 1권 출간이 아니더라도 좋다. 그 과정을 통해서 얻는 것이 책 쓰기의 수고를 보상한다. 책 쓰기는 도전만 해도 내 삶의 이득이다. 이것을 사람들은 잘 모른다. 책을 안 써봤기 때문에 알 수가 없는 부분이다. 책을 써본 사람만이 이 놀라운 사실을 인지할 수 있다. 세상에 버릴 경험은 정말 하나도 없다는 것이 잘 맞아떨어지는 것이 바로 책 쓰기라고 말할 수 있다. 책 쓰기 도전하는 자체만으로도 글쓰기에 변화가 시작된다. 책 쓰는 과정은 처음 자판 필사부터 시작이기 때문이다. 필사의 효능은 누구나 다 알고 있다. 자판 필사의 효능은 책 쓰기를 위해서는 탁월하다. 그 이유는 자판 필사가 바로 글쓰기 실력에 큰 변화를 일으키기 때문이다. 자판 필사로 쉽게 그리고 많은 글을 쓸 수 있기에 단 1주일만으로도 변화는 일어난다. 그것을 본인이 직접 느끼기 때문에 처음에는 누구의 권유로 의심하면서 시작했더라도, 나중에는 스스로 꾸준히 하게 된다. 이것이 바로 글쓰기 능력을 자연스럽게 키워나가는 비법이 되는 것이다. 책 쓰기 왜 책만 쓴다고 생각하는가? 책 쓰는 과정을 통해서 출간 못하더라도 글쓰기가 해결되니, 빨리 시작할수록 글 쓰는 능력이 향상되어 직장에서도 개인적 삶에서도 새로운 긍정적인 변화가 일어난다.

책 쓰기 실패하더라도 글쓰기 능력은 얻는다

내가 아는 작가 중에 고등학교 동창이 있다. 이 작가는 공저 《필사 POWER》과, 《삶이 글이 되고 글이 삶이 된다》 2권을 출간했고 현재 개인 저서를 쓰고 있다. 지금은 책 쓰기에 대해서 자신감을 가지고 책을 쓰고 있지만, 얼마 전까지만 해도 책 쓰기가 너무 크게 느껴져 감히 시작하지를 못했다고 한다. 나는 친구이고 하니, 자판 필사부터 해보라고 권했다. 책 선물을 할 때도, 책 앞쪽에다가 "함께 책 쓰는 날을 기대한다. 자판 필사부터 조금씩 해보길 권할게."라고 출간한 내 책에 사인해서 선물하기도 했다. 친구는 내가 준 책 선물을 받고서 자판 필사를 조금씩 하기 시작했다고 한다. 그 전부터 쓰는 것에 취미가 있어서 책을 읽다가 좋은 문구를 발견하면 노트에 필기하거나, 생각나는 것들을 쓰기도 했다고 한다. 자판 필사는 처음 하는 것이었지만, 그래도 친구의 권유이니 믿고 시작했다고 한다. 그 자판 필사를 나에게도 말하지 않고 오랜 시간 혼자서 했던 모양이다. 그리고 어느 정도 자신감이 생겼을 때, 책을 써보겠다고 나에게 연락해서 말했다. 필사했던 시간이 1년이 넘는 것으로 알고 있는데, 그 시간이 나는 아깝다는 생각이 들었다. 사람들은 어느 정도 자신감이 생기기 전에는 잘 안 움직인다. 시작을 안 한다. 스스로 확신이 있고 자신감이 솟아날 때, 시작하는 경향이 있다. 이 친구도 그랬고 다른 사람들도 "책 쓰기"에 대해서 그런 마음일 것 같다. 그런데 생각해보자. 보통 사람들은 책을 써보지 않았기 때문에 스스로 자신감을 가지기는 쉽지 않다. 멘토의 도움이 있다면 멘토를 믿고 자신감이 없어도 시작을 할 수 있다. 처음부터 알고 하는 사람은 없다. 그냥 하는 것이다. "Just do it" 말처럼 그냥 해야 하는 분야가 바로 책 쓰기 분야이다. 만약, 자판 필사 초창기부터 멘토와 함께 자판 필사하면서 책 쓰기 시작했다면, 아마도 더 많이 성장하고 변화되었을 것이란 생각을 나는 한다. 물론, 늦게라도 시작했으니, 다행이다. 친구니까 결국은 친구의 말을 믿어서 하게 된 점도 없잖아 있을 것이다. 만약, 친구가 아니라면 어떡하겠는가? 시작도 하지 못하고 포기하는 경우가 대부분이다. " 나는 한 번도 해보지 않았다. 내가 할 일이 아닌 것 같다."라며 시작도 하기 전에 조용히 포기하는 것이다. "책 쓰기는 한 만큼 이득이다."라고 나는 말한다. 끝까지 가지 않아도 얻는 것이 크다. 책 쓰기 시도한 사람과 책 쓰기 시도하지 않은 사람으로 세상 사람들을 2부류로 나누고 싶다. 책 쓰기 도전은 많은 것을 얻고 깨닫게 한다. 완벽히 완성하지 않아도 되니, 책 쓰기에 관심을 가지고 시작해봐야겠다. 보건교사의 책 쓰기도 그렇게 시작하면 된다. 응원한다.

《내 인생 첫 책 쓰기의 비법은 필사이다》에 필사를 하면서 얻을 수 있는 장점을 나 애정 작가님이 정리해 둔 페이지가 있다. 너무나도 놀라운 것이 지금 내가 느끼는 그대로였다. 자판 필사와 감상 글을 쓰면서 내가 느낀 것은 다음과 같다.

첫 번째, 필사하면 긴 글 쓰는 것을 가볍게 시작할 수 있다고 했는데, 지금 내가 그렇다. 처음에 나는 짧은 글을 쓰기 시작하였을 때 6줄도 쓰기 어려워했었다. 물론 지금도 글쓰기 실력은 미숙하지만 6줄보다는 많이 쓸 수 있다. 처음에 이렇게 글쓰기가 어려웠던 이유는 잘 써야 한다는 부담감이 있었기 때문이다. 하지만 필사를 하면서 느꼈던 것은 내가 글을 잘 쓰지 못하기 때문에 그리고 처음 써보기 때문에 아무도 나한테 글을 잘 쓰기를 기대하지 않는다는 것이었다. 그리고 문장 자체를 길게 쓰기보다는 짧게 끊어서 쓰는 것이 긴 글쓰기를 수월하게 쓸 수 있다는 것을 깨달았다.

두 번째, 글 쓰는 것이 특별하지 않다는 것을 알게 되었다. 물론 나에게 글 쓰는 것은 생활 속에 완전히 자리 잡지 않아 전혀 만만하지는 않다. 하지만 9일째 글쓰기를 하니 글을 쓰기 시작했던 첫 순간처럼 어렵고 특별하게 느껴지지는 않는다.

세 번째, 쓰는 실력이 나도 모르게 좋아진 것 같다. 나는 아직도 내 글쓰기 실력이 좋아졌다고 생각하지는 않지만 내 글을 매일 읽는 나의 가장 친한 단짝은 글쓰기 실력이 좋아졌다고 칭찬해 준다. 나는 또 그 말을 진짜라고 믿는 것도 문제이지만 칭찬이니 아무 의심 없이 믿겠다.

네 번째, 나도 해볼까? 라는 자신감이 생겼다. 이 점은 나도 분명히 인지했다. 처음에는 무엇을 써야 할까? 라고 고민해도 무엇을 써야 할지 몰랐다. 글을 써도 책 내용에 대해 느낀 점을 쓰는 것이 다였다. 하지만 요즘은 내 이야기를 써보고 싶어졌고 내 마음을 들여다보고 싶어졌다.

위의 글은 1급 보건교사 연수받았던 L 보건교사가 자판 필사 9일 차 때 쓴 글이다. 1급 보건교사 연수 강의가 끝나고 나는 공저 쓰기를 희망하는 보건교사에게 함께 공저를 쓰자고 제안했었다. 책 쓰는 법, 쓰는 중에 수행해야 할 미션들, 다양한 책 쓰기 노하우도 알려주면서 공저 쓰기를 할 예정이었다. 강의가 끝난 다음 날에 1명의 보건교사가 연락이 왔었다. 책이 너무나 쓰고 싶은데, 방법을 잘 몰랐는데, 강의 듣고 자신감을 얻었다. 나와 함께 쓰면 책 쓰기에 성공할 수 있을 것 같다는 내용으로 메일을 보내왔다. 공저이다 보니, 최소 5명의 보건교사가 신청하면 공저 쓰기 시작할 수 있다고 답장을 보냈다. 그 이후에도 여러 명이 연락이 와서 5명이 모였다. 1급 보건교사 연수에 참석한 5명의 보건교사와 현재 공저 쓰기를 진행하고 있다. 현재 데일리 미션 수행으로 자판 필사와 인스타그램 감상 글쓰기를 시작했다. 9일 차 되는 날, L 보건교사가 위와 같은 글을 단톡방에 올렸다. 자판 필사를 하니, 위와 같이 4가지 큰 변화가 생겼다고 글에 써놓았다. 단지 9일 만에 이런 변화들이 일어난다는 것이 놀라울 수가 있지만, 나는 여러 번

봤기 때문에 당연한 변화라고 생각한다. 자판 필사는 우리가 일찍이 해보지 않은 필사 방식이다. 해본다면 그 효과가 참으로 빠르다는 것을 느끼게 될 것이다. 《내 인생 첫 책 쓰기의 비법은 필사이다》에는 나의 인생 첫 책을 쓸 때 했던 자판 필사와 감상 글쓰기 효과와 기타 다양한 내용을 실었는데, 1급 보건교사가 쓴 위의 내용과 비슷한 내용이 책에 그대로 있다. 나도 자판 필사의 효과를 느꼈고 L 보건교사도 나와 비슷한 경험을 지금 하는 것이다.

L 보건교사가 느낀 자판 필사와 감상 글쓰기의 효과를 다시 정리해 보자면 다음과 같다.

첫째, 긴 글쓰기가 자연스럽게 가능해졌다.

둘째, 글 쓰는 것이 특별한 일이 아님을 느낀다.

셋째, 쓰는 실력이 자신도 모르게 향상되었다.

넷째, 글쓰기에 자신감이 생겼다.

위 4가지는 보건교사라면 대부분 잘 안되는 부분이다. 긴 글쓰기가 어렵고, 글 쓰는 일은 특별할 경우만 쓰고, 쓰는 실력은 도저히 극복되지 않았고, 글쓰기는 되도록 쓰지 않으려고 한다. 그런데, 단, 9일 만에 이런 놀랍고 신기한 변화들이 일어난다는 사실을 믿어야 한다. 어떤 사람은 자판 필사와 감상 글쓰기의 가치를 하루 만에 알아채서 1년 동안 하루도 건너뛰지 않고 필사하는 사람도 있다. 그 시간이 2년이 지나고 3년이 지나도록 여전히 자판 필사하고 있다. 책을 쓰기 위해서라기보다는 글쓰기의 실력이 좋아지고 글쓰기가 말하듯이 일상이 되는 자판 필사가 재미있어서 계속한다고 한다. 그리고 자판 필사와 감상 글쓰기의 효과는 이것만 있는 것이 아니다. 어떤 사람은 현재 삶이 너무 힘들어서 살기 위해서 자판 필사를 한다고 했다. 자판 필사를 하는 동안에는 힘들고 고된 삶을 잊어버린다. 고통의 마음 대신에 책 속에 있는 희망적이면서 낙관적인 상황들이 내 마음을 가득 채워 나도 그렇게 살아갈 수 있을 것 같은 확신과 믿음이 생긴다는 것이다. 한마디로 자판 필사와 감상 글쓰기를 꾸준히 하면 글 쓰는 삶은 기본으로 얻게 되면서 자신의 가장 취약한 부분까지 치유되고 채워지는 경험을 하게 된다. 이젠 필사만을 고집할 필요가 없다. 사실 손 필사만 고집했기 때문에 우린 필사의 가치를 내 삶으로 가져오지 못했다. 책 쓰기는 하나의 수단일 뿐이다. 우리가 원하는 삶을 살아가기 위한 수단으로서 책 쓰기를 도전한다고 생각하면 그것이 맞다.

책 쓰기, 가볍게 생각하고 시작해야겠다. 책 1권 써내는 것이 최종목적이 아니다. 우린, 책 1권 써내는 것보다 더 귀한 것을 책 쓰는 과정 중에 얻게 된다. 그래서 책 쓰기에서는 엄밀히 "실패"란 개념이 존재하지 않는다. 도전 1일 차, 도전 2일 차, 기타, 책 쓰기 성공까지 여러 날을 보낸다면 그 보낸 날마다 그 자체가 다 의미가 있다. 단지 9일 만에 글쓰기에 있어서 많은 변화를 느낀 보건교사를 보면, 나도 할 수 있겠다고 생각할 수 있을 것이다. 세상 가장 쉬운 것이 베껴 쓰기이다. 베껴 쓰는 것은 글씨만 쓸 줄 알아도 가능하다. 아주 어린 아이들도 가능할 만큼 쉽다. 그 쉬운 것부터 시작해서 단시간 내에 내 글쓰기의 변화가 생긴다는 것은 믿기지 않을 정도이다. 역시, 방법이 중요했다. 우리가 원하는 것을 얻기 위해서 가장 합당한 방법을 사용한다면 단시간 내에 변화는 일어난다. 다만 긴 글을 그저 베껴 썼을 뿐인데, 우린, 베껴 쓴 그 글처럼 우리 자신의 글도 쓰게 된다. 모방이 새로운 창조를 낳는 순간이다. 모방만 할 줄 알면 우린 어떤 것도 내 것으로 만들 수가 있다. 그 모방의 가치를 모르고 처음부터 나만의 것을 창조하려고 했기에 시작도 못 하고 창조는 당연히 안 되는 삶을 살아왔다. 글쓰기가 딱 그런 상황이다. 책 쓰기 실패하더라도 상관없다. 우린, 내 글쓰기란 능력을 얻을 수 있기에 전혀 문제 되지 않는다. 책 쓰기 시작한 사람은 글쓰기로부터 자유로워지고, 원하는 삶을 살아갈 수 있다.

책 쓰기 먼저 해라!!
책 쓰기와 글쓰기는 동전의 양면이다

새해 목표

1. 종이책 3권 출간

2. 아이들, 읽고 쓰는 습관 길들이기, 자판 필사와 감상글 쓰기

3. 아이들의 해외 튜터, 계속할 수 있도록 한다.

나는 새해가 되면 목표를 세운다. 그렇게 한 해를 시작하는 이유는 목표가 바로 나의 현실이 되는데 강력한 동력이 되기 때문이다. 뇌에서는 명확한 목표를 향해 작동하는 기전이 있는 듯하다. 의학적으로 세세하게 설명할 수는 없지만, 그동안 내가 살아오면서 느낀 강력한 진리 중의 하나이다. 인생 첫 책을 쓸 때도 나는 명

확한 목표를 세우고 초고를 2달 만에 완성했다. 초등학교 저학년 이었던 아이들은 방학이어서 엄마의 손이 매우 필요했었던 시기 였다. 그런데도 2달 만에 37꼭지를 완성하고 인생 첫 책인 《하루 한 권 독서법》을 출간할 수 있었던 것은 완전히 목표의 효과 때 문이라고 생각한다. 목표를 세우고 난 뒤에 나는 어떻게 하면 초 고를 2달 만에 완성할 수 있을지를 자주 생각했다. 초고를 쓰면 서도 그것을 생각했고, 자기 전, 아침 기상 직전에도 "2달 초고 완 성"만을 생각했었다. 우리 내면에는 무한한 잠재 능력이 숨어 있 다. 그 잠재 능력을 발휘할 수 있는 것은 목표를 세웠을 때이다. 목 표를 세우면 내부의 잠재 능력이 제대로 발휘되어, 목표를 이룰 방법을 찾게 하고, 그것을 실천할 힘도 발휘하게 된다. 나는 결국, 한 달 동안 이용할 독서실을 예약했다. 아이와 남편이 잠들어 있 는 주말 이른 아침에 나는 독서실로 갔다. 방음이 되는 1인 독서 실에서 나는 컴퓨터를 열어 자판을 치면서 초고를 썼다. 그러다가 잘 안 써질 때는 일반 도서관이나 약간의 소음이 있는 커피 숍을 찾았다. 그렇게 해서 결국, 목표한 날까지 초고 완성을 할 수 있었 다.

목표는 곧 나의 현실이 된다. 목표를 세울 때는 지금 없는 상황 이지만, 목표를 세웠기 때문에 나는 목표의 삶을 살아갈 수가 있다. 목표의 놀라운 효과가 있음에도 사람들은 목표 세우는 자체도 부담스럽게 생각한다. 어느 정도 수준의 목표를 세워야 할지, 감이 오지 않기 때문에 목표 세우는 자체가 스트레스로 여겨진다. 욕심을 내려놓고, 정말 꼭 해야 할 일 3가지만 적어 보면 된다. 한 해가 끝날 즈음에는 3가지는 반드시 내 삶이 되어있을 것이다. 목표를 세우고 미리 상상하는 것도 기분 좋은 일이다. 주어진 삶을 그저 살아가기보다는 내가 원하는 삶을 목표로 세워 살아간다면 목표가 내 소중한 삶이 된다. 그야말로 내가 세운 목표와 나의 삶이 하나가 되는 것이다.

오늘 아침에도 나는 1꼭지 쓰기 실천 목표를 세웠다.

1. 1꼭지 쓰기 10:12~11:12 (　　)
2. 1꼭지 추가 쓰기 11:12~12:12 (　　)

나는 1급 보건교사 자격연수에서 강의했다. 현재 쓰는 이 글은 그 강의안을 바탕으로 쓰고 있다. 책을 쓰는 삶을 산후부터 모든 삶이 바로 책이 될 수 있다는 사실을 깨달았다. 의미만 부여한다면 나에게는 물론이거니와 다른 사람에게도 귀한 정보이자 자료가 될 수 있는 책이 될 수 있다. 1급 보건교사 연수에 참석하지 않은 다른 보건교사에게 강의했던 강의안이 또 다른 보건교사의 삶에 도움이 될 수도 있는 것이다. 이번의 강의한 내용은 글쓰기에 관한 내용이었다. 보건교사에게 앞으로 유익한 능력이 될 글쓰기 능력, 이 능력을 키우기 위해서 어떻게 하면 될 것인지, 그동안 책을 써온 나의 경험과 생각들을 강의했다. 글쓰기 능력을 키우기 위해서 내가 강조한 부분은 글쓰기만을 열심히 한다고 되는 것이 아니라는 것이다. 새로운 도전, 바로 책 쓰기를 해봐야 한다는 생각들을 전달했다. 글쓰기를 극복해야 한다고 글쓰기만을 한다면, 시간 낭비가 될 가능성이 크다. 문제를 해결하기 위해서 그 문제 안에만 있으면 안 된다. 글쓰기란 문제를 해결하기 위해서는 새로운 대안이 필요한데, 문제상황에 있을 때는 그것을 인지하기 쉽지 않다. 글쓰기를 조금 더 잘하고 싶은 보건교사라면 책 쓰기가 충분히 해결 방안이 될 수 있기에 강의한 내용을 바탕으로 해서 책으로 쓰고 있다.

1꼭지 글을 매일 쓰는 이유는 글쓰기 실력을 유지하기 위해서이다. 내가 만약에 글쓰기만을 고집했다면, 나는 글쓰기 실력이 지금같이 성장하지 못했을 것이라고 본다. 글쓰기 실력은 글을 쓰지 않으면 줄어든다. 타고난 실력이라면 또 어떨지 모르겠지만,

노력으로 성장한 글쓰기 실력이라면 얻은 것을 잃지 않기 위해서 계속 글을 써야 한다. 그래서 나는 1꼭지 글쓰기를 계속 유지하고 있다. 결국, 보건교사를 하면서도 책을 매일 쓰는 이유 중의 하나도 내가 그동안 성장시킨 글쓰기 능력을 잃지 않는 방법이라고 보기 때문이다. 1꼭지 글은 A4 2장 이상의 긴 글을 쓰는 것이다. 긴 글을 쓰기 위해서는 나름의 형식을 가지고 쓰지 않으면 쓸 수가 없다. 책 쓰기를 통해서 꼭지 글을 쓴다면 그 글 쓰는 형식을 계속 반복하게 한다. 그 패턴을 잊어버릴 수가 없는 것이다. 그래서 오늘도 나는 1꼭지 글쓰기의 데드라인 시간까지 정하고 쓴다. 얼마 전에 발견한 꼭지 글쓰기 방법으로 2꼭지를 연달아서 쓰기가 추가되었다. 매일 꼭지 글을 쓰지만 매일 꼭지 글쓰기 워밍업이 필요하다. 나의 워밍업 방법은 '1꼭지 쓰는 비법'이란 파일을 열고 1꼭지를 어떻게 쓸지를 먼저 읽어본다. 그렇게 해서 개요 쓰기를 하고 1꼭지 글을 쓰는데, 한 번에 연달아 2개의 꼭지 글을 쓰는 것이 훨씬 쓰기가 수월하다는 것을 깨닫게 되었다, 글쓰기 연습도 더 깊이 있게 되어서 1꼭지만 쓸 것이 아니라 한번 꼭지 글을 쓸 때는 최소 2꼭지를 연달아 쓰는 방법을 사용하게 되었다. 무엇이든지, 집중해서 하는 것이 퀄리티를 높이고 빠르게 성장하게 한다는 사실을 알 수 있다.

글쓰기만 해서는 글쓰기 실력이 좋아지거나 유지되기 어렵다. 우리가 글을 잘 쓰고 싶다고 주로 하는 것들이 SNS 글쓰기이다. 인스타그램이나 블로그에 글을 매일 같이 쓴다. 하지만, 이 글쓰기로는 진정한 글쓰기 성장을 기대하기는 쉽지 않다. 우리가 일기를 쓴다고 글쓰기 실력이 좋아지지 않는 것과 같다. 일기라도 쓰면 장기적으로 봐서는 글쓰기 실력이 좋아지기는 한다. 하지만, 제대로 성장하는 것은 한계가 있다. SNS 글쓰기도 마찬가지이다. SNS 글쓰기를 자주 한다고 해서 그 사람이 책을 쓰는 경우는 많지 않다. 보통은 SNS 글쓰기를 계속하면 어느 순간, 글쓰기에 자신감이 생겨서 책도 쓸 수 있을 것으로 생각한다. 하지만, 아니다. 이런 생각으로는 절대 책 쓰기를 할 수가 없다. 책 쓰는 것은 글을 잘 써야 책을 쓴다는 생각도 버려야 한다. 글쓰기 실력이 좋아야지 책을 쓴다는 생각을 고수하고 있으니, SNS 글만 몇 년씩 계속 쓰고 있다. 이런 사람에게는 글쓰기와 책 쓰기는 동전의 양면이 아니다. 글쓰기 다음 단계에 할 수 있는 것이 책 쓰기가 되기 때문에 절대 동전의 양면이 될 수가 없다. 책 쓰기를 먼저 해야 책 쓰기, 글쓰기 2가지를 정복할 수 있다.

책 쓰기를 먼저하고 글쓰기를 챙겨야 한다. 보통 사람의 방식과 반대로 해야지 2마리 토끼를 동시에 얻을 수가 있다. 이 사실은 놀라운 발견이다. 우린 그동안 글만 잘 쓰려고 했기에 성장 없는 글쓰기의 삶으로 글쓰기로 얻을 수 있는 새로운 세계를 경험하지 못하고 한평생을 살게 된 것이다. 글쓰기와 책 쓰기는 순차적으로 진행하는 단계가 아니다. 오히려 책 쓰기보다 글쓰기를 더 높은 차원에 두어야 한다. 책 쓰기를 할 때, 더 높은 차원인 글쓰기를 내 삶으로 가져올 수 있다고 생각해야 한다. 이때까지 반대로 생각하고 살았으니, 글쓰기는 나와 상관없는 세상이라고 여기고 살게 된다. 이제는 믿고 책 쓰기부터 시작해서 글쓰기 실력을 키우고 보건 업무를 할 때도 맘껏 자유롭게 글로 써서 소통하시길 바란다.

글쓰기와 책 쓰기는 동전의 양면이지만 순서가 중요하다. 책 쓰기를 먼저 해야 글쓰기도 자연스럽게 나의 삶으로 들어오게 된다. 한 마디로, 책을 써 봐야 글쓰기는 동전의 양면이란 정의를 내릴 수가 있다. 보통 사람들은 글을 잘 써야 책도 쓸 수 있다고 잘못 생각하고 있다. 책 쓰기를 글쓰기보다 더 높은 차원에 두고 SNS 글쓰기만 하고 있다. 독서 모임에 가면 20년, 30년 책만 읽는 사람들이 많다. 삶을 바꾸겠다고 그 수많은 시간을 책만 읽고 있다. 나는 책을 써본 결과, 책 읽기는 1년만 하고 바로 책 쓰기를 한다면 책 읽기도 빨라지면서 삶도 바꿀 수가 있다는 사실을 발견했다. 해답은 우리가 생각하는 곳 외에서 발견된다. 글쓰기 실력향상을 위해 글쓰기만 열심히 하면 되는 것이 아니라, 책 쓰기를 먼저 해볼 때, 긴 글쓰기가 편해지면서 글쓰기 실력도 좋아지게 되는 것이다. 글쓰기 실력을 키우겠다고 글쓰기만 하면 안 된다고 강조한다. 책 쓰기 도전할 때, 글쓰기 실력도 덩달아 향상되어 그야말로 글쓰기와 책 쓰기는 동전의 양면이란 사실을 깨닫게 될 것이다.

책 쓰기 도전하면 글쓰기 고민은 끝!!

"선생님, 교육청에서 A 보건 선생님을 만났는데, 선생님이 책을 쓰신다고 이야기했어요. 정말 대단하세요."

중국어 교사가 보건실에 왔다가 나에게 한 말이다. "네? 교육청이요?"라고 반문하자 그 선생님은 자신이 교육청 주관 베스트셀러 작가인 J 작가의 글쓰기 연수를 주기적으로 듣고 있다고 했다. 그곳에서 보건교사를 만났는데, S고등학교에 재직 중인 것을 알고 내 이야기를 했다는 것이다. 그때, 나는 교육청에서 작가를 초빙해서 글쓰기 강의를 했다는 사실을 처음 알게 되었다. 나는 그 연수에 관한 공문을 보지 못했지만, 교육청에서 글쓰기 연수를 한다는 사실에 긍정적으로 생각이 들었다. 그래도 교사들을 위한 글쓰기에 이제는 교육청도 관심을 가지고 노력한다는 의미이기 때문이다. 사실, 교사를 능가하는 학생은 극히 일부에 지나지 않는다. 교사의 능력이 곧 학생의 능력이라고 말할 수 있다. 그래서 유능한 학생을 키우기 위해서 교사의 역량을 키워야 한다는 결론에 이른다. 글 잘 쓰고 맘껏 자신의 의견을 글로 쓸 수 있는 학생도 그런 교사의 밑에서 공부할 때, 가능한 것이다. 전 교사를 대상으로 한 연수는 아니지만, 일부 글쓰기와 책 쓰기에 관심이 있는 교사들을 대상으로라도 그런 종류의 연수가 교육청에 있다는 것은 앞으로 얼마든지 확대하여 전 교사를 대상으로 글쓰기 연수를 할 수 있다는 의미이니 기대가 된다.

그런데, 교사들을 위한 글쓰기가 목적인데 유명 강사를 초빙해서 교육한다는 것은 취지에 좀 안 맞는다는 생각이 들었다. 글쓰기의 가치, 글쓰기가 삶에 미치는 긍정적인 영향에 대해서는 공감할 수 있겠지만, 그 작가는 전문 글쓰기 코칭자가 아니다. 강의 듣는 사람에게 글쓰기의 실력을 높이지는 못할 수 있다. 글쓰기에 대한 동기부여는 대부분 학교에서 근무서는 사람이라면 충분히 되어있는데, 이제 필요한 것은 실질적인 글쓰기 비법을 알려주고 몸에 익히도록 도와주는 수업이다. 사실, 쓰고 싶어도 쓰는 방법을 잘 모른다는 것이 가장 문제이다. 베스트셀러 작가라고 모든 사람을 글 잘 쓰는 사람으로 만들어 줄 수 있는 것은 아니다. 베셀 작가이기 때문에 오히려 더 괴리감을 느끼게 할 수 있다. 이제 막 책 1권 쓴 작가가 책 쓰기 초보자에게는 더 유용한 글쓰기 팁과 방법들을 알려주고 더 잘 가르칠 수 있을지 모르겠다.

나는 4년 동안 휴직을 했었다. 아이들 초등학교 저학년일 때 휴직하게 되었다. 휴직하면서 아이들 둘을 데리고 필리핀 세부를 갔다. 처음에는 세부 살이 6개월을 목표로 밤에 비행기를 타고 새벽 시간, 막탄 공항에 도착했다. 나는 늦은 결혼과 출산으로 아이들이 어렸다. 첫째를 42세에 낳고 둘째를 44세로 넘어갈 직전에 출산했다. 어린아이들에게 나이 많은 엄마가 해줄 수 있는 평생 추억거리가 뭘까 생각하다가 해외살이를 한번 해보자는 결정을 하게 되었다. 휴직과 동시에 필리핀 세부로 갔다. 다른 나라의 해외살이는 비용이 만만하지 않았다. 필리핀도 역시 마찬가지이지만, 그래도 유학원을 거치지 않으면 해볼 만 하다는 결론에 이르러 바로 실천하게 되었다. 필리핀에서는 생활비 중에서 집세가 가장 큰 지출에 해당하였다. 월세 70만 원에 가까운 금액을 매달 냈다. 그외, 학교나 식비는 크게 부담이 되지 않았다. 식비는 현지식으로 먹느냐, 아니면 한국식으로 먹느냐에 따라서 천지 차이였기에 나는 주로 현지식으로 식사를 해결했다. 이웃에 사는 한국 엄마인 에이미는 이미 오랜 시간 필리핀에 거주하고 있었는데, 대부분 한국식을 먹었다. 그래서 참, 돈도 많다고 생각했었다. 시간이 지나고 보니, 이해되었다. 시간이 지날수록 한국 음식에 대한 그리움이 강해졌다. 타지에서 사는데, 음식만이라도 한국식으로 먹자는 생각으로 점점 생활방식이 바뀌게 되었다. 한국마트에서 김치를 사면, 김치 몇 가닥 넣고, 떡국을 끓이든가, 아니면 고추장으로 얼큰한 국을 끓이든가? 한국에서는 먹지 않을 것 같은 음식도 만들어서 먹었다. 아이들도 잘 먹었다. 한국 사람은 외국에 나가봐야 한국을 더욱 사랑하게 된다는 것이 맞다. 1년 반 정도 사는 중에 코로나19로 인해 급하게 귀국하게 되었다. 난 휴직에 이어, 교직 기간 중 1회 가능한 자율연수까지 신청했던 터라 아쉬움이 많이 남았다.

　책 쓰기 경험 덕분에 무난히 직장에 적응했다. 4년간 휴직했었고 코로나19 팬데믹 상황에 복직했는데 보건 업무에 실수 없이 무사히 이 기간을 보낼 수 있었다. 나는 휴직하고 책을 쓰기 시작했었다. 아이들은 어렸지만, 심신이 힘든 상황이었기에 오히려 책쓰기를 도전하게 되었다. 지금 상황보다 더 힘든 일을 하면 지금

힘듦을 극복할 수 있을 것 같았다. 그래서 필사부터 시작해서 인생 첫 책을 쓰기 시작했고 결국, 출간했다. 그리고 그 이후부터 계속 책을 쓰게 되었다. 봇물 터지듯이 한 번의 책 쓰기 경험을 통해서 그동안의 삶들을 책으로 쓰기 시작한 것이다. 필리핀 세부살이를 시작한 해 연말에는 3권의 책을 동시에 출간하기도 했다. 《새벽시크릿》, 《유학원 거치지 않고 세부살이 정착이야기》, 《포스팅독서법》이다. 그리고, L 작가, W 작가와 함께, 《나는 성장하는 엄마입니다》 공저도 썼다. 멀리 이국땅에서도 책 쓰기는 멈추지 않고 계속했었다. 오히려 직장을 쉬고 있었고 아이들은 사립학교에서 오후 4시에 귀가하니, 책 쓸 시간이 더 풍족해졌다. 원 없이 책을 쓴 기억이 지금도 생생하다. 그런 시간을 보낸 후 복직했는데, 직장에서 소통력이 좋아졌다는 것을 나중에 알게 되었다. 책만 썼을 뿐인데, 4년 만에 그것도 가장 힘들었던 전 세계적인 감염병 상황이었지만, 복직해서 무난히 보건교사로서 해야 할 역할을 잘 수행할 수가 있었다. 휴직 기간에 책 쓴 것을 천만다행으로 생각하게 되었다.

책 쓰기가 글쓰기의 실력을 키운다는 사실은 두말하면 잔소리이다. 글쓰기에 자신 없는 사람도 책 쓰기 과정을 통해서 자신감이 생길 정도로 글쓰기 능력은 향상한다. 자판 필사만 며칠 해보더라도 그것을 느끼게 된다. 우린, 글쓰기를 너무 거창하게 생각하는 경향이 있다. 특별한 글감이 있어야 글을 잘 쓴다고 여긴다. 그렇기에 더욱 글쓰기는 어렵다. 평범한 사람의 평범한 일상도 좋은 글감이 되고 독자에게 울림이 있는 글이 될 수 있다는 것, 그리고 그것이 바로 책이 된다는 사실을 자판 필사를 하면서 깨닫게 된다. 이 사실만을 깨달아도 자신감이 생긴다. 자신의 삶을 새롭게 되돌아보면서 삶을 글감으로 활용해서 글을 써야겠다고 생각한다. 이런 생각의 변화, 발상의 변화로 인해서 글쓰기는 이제, 남의 일이 아니라 내일이 된 듯한 느낌을 확실히 가지게 된다. 거기에다가 1꼭지 글을 내 글이든 남의 글이든 매일 쓰게 되면서 글쓰기의 감각이 생기고 글쓰기 근육이 강해진다. 무조건 많이 하는 것처럼 잘하는 비법은 세상에 없다. 유명 여배우의 예전 인터뷰한 것이 생각난다. "이혼하고 어떡하든지 아이들과 살아야 했기에 자신에게 섭외 오는 모든 역할을 다 수용하고 연기했다. 일단, 사는 것이 문제였기에 그렇게 수많은 역할을 할 수 있는 시간이 되었다. 그때 그 시간이 오늘날 내가 배우로서 정상의 자리에 오를 수 있었던 계기가 되었다. 무조건 많이 해라. 그것이 최고이다." 맞다. 내 글, 네 글 구분하지 않고 매일 많이 쓰면, 글쓰기 능력이 좋아진다.

책 쓰기를 하면 글쓰기가 자연스럽게 변화한다. 그것으로 인해서 어떤 상황에서든 담담히 자기 의사를 글로 표현할 수 있다. 이런 변화가 있었기에 4년 만에 복직해서도 보건 업무 적응에 크게 무리가 발생하지 않게 되었다고 판단한다. 구체적인 글쓰기의 변화는 다음과 같다.

첫째, 글쓰기 상황을 두려워하지 않는다.

둘째, 어떤 글이라도 자판에 손가락을 얹으면 술술 쓴다.

셋째, 나만의 방식으로 긴 글도 짧은 글도 개성적으로 쓴다.

넷째, 읽는 사람의 입장을 생각하면서 쓰기 때문에 공감받고 소통력이 좋다.

구체적인 내용은 다른 꼭지에서 다시 더 다루기로 하고, 이런 변화들이 일어날 수 있다는 사실, 기억하길 바란다.

책 쓰기 도전하면 글쓰기 고민은 해결된다. 보건교사라면 평상시, 메시지 글을 쓰면서 보건 업무를 하기에 글쓰기에 대한 목마름이 항상 있다. 하지만, 그 목마름을 축여줄 방법을 잘 모른다. 그냥 적당히 노력하다가 되면 좋고, 안 돼도 어쩔 수 없다는 생각을 보건교사들은 할 것이다. 하지만, 진짜 해결점은 아주 간단한 곳에 있다. 책 쓰기 도전이 바로 그 글쓰기 문제 해결의 비법인 것이다. 책 쓰기를 두려워할 필요는 없다. 책 1권 출간을 목표로 시작한 책 쓰기, 수많은 사연으로 결국 못하게 되더라도 한 만큼 이득인 것이 바로 책 쓰기이기 때문에 염려하지 않아도 된다. 글쓰기의 실력은 그리 긴 시간을 소요하지 않아도 스스로 변화된 것을 느낄 수 있다. 그동안 쌓여있는 글쓰기 실력이 있기에 조금만 숙달해도 빛을 발하는 것이다. 특히, 보건교사 같은 경우에는 그동안 업무를 하면서 꾸준히 글쓰기를 해왔기 때문에 더욱 그 효과가 빠르다. 일반교사들도 나이스 입력 작업을 해마다 해왔기에 일반교사 집단도 책 쓰기를 도전한다면 짧은 기간, 그 효과를 볼 수 있을 것으로 판단한다. 보건교사도 마찬가지이다. 책 쓰기 도전하고 글쓰기 만만하게 해보길 기원한다. 올 한 해 글쓰기 편안하게 도전하고 행복한 보건교사의 삶을 누리시길 바란다.

4장

책 쓰기 도전하면 글쓰기가 만만해지는 이유

책 쓰기의 강력한 고정관념들

보건교사들이 가지고 있는 고정관념은 어떤 것이 있을까요? 이 고정관념이 가치 있는 알짜배기를 얻을 기회를 차단한다. 일반교사가 가지고 있는 보건교사에 관한 고정관념을 한번 짚고 넘어가 보고자 한다. 학교에는 교사를 여러 가지로 분류한다. 일반 교과교사, 담임교사, 보직교사, 비교과 교사, 기타 등이다. 영양교사, 사서교사, 상담교사, 보건교사가 비교과 교사에 속한다. 보건교사는 비교과 교사다. 이 분류의 명칭도 일반교사 관점에서 정했다는 생각이다. 비교과 교사지만, 보건교사나 기타 특수성을 갖는 교사로서 수업만 안 할 뿐이지, 그 하는 일의 영역이 넓고 학교에서는 중요한 위치에 있다. 한 마디로 없어서는 안 되는 역할을 하고 있다. 그런데, 직접 학생을 가르치지 않는다는 이유로 비교과 교사라고 분류된다. "비"자가 주는 부정적인 어감이 있다. 보건, 사서, 상담은 업무에 대한 존중감이 상실된 명칭처럼 느껴진다. 과거 일반교사들은 농담처럼 보건교사에게 진담을 말하곤 했었다. "보건 선생님은 좋으시겠어요. 수업도 안 하시고 큰 보건실에서 혼자서 일하시니, 너무 부러워요.", "남자아이를 낳으면 행정실장을 시키고 여자아이를 낳으면 보건교사를 시키고 싶어요. 얼마나 좋으세요. 신의 직업이 바로 보건교사 같아요." 이런 이야기를 들었을때, 정말, 이 사람이 제정신으로 하는 소리인가? 싶을 정도로 보건교사와 보건 업무를 제대로 알지 못하면서 함부로 말한다는 생각이 든다. 이런 것들은 일반교사가 보건교사에 갖는 고정관념이었다. 그런 것을 알고 있는 보건교사는 "아, 일반교사들은 보건교사에 대해서 쉬운 일을 하는 편한 사람으로만 알고 있구나, 기본적으로 수업 안 하는 것에 대해서 몹시도 부러워하는구나!"라는 생각을 하게 되었고, 그것이 또한 고정관념이 되었다. 그래서 결국은 일반교사와는 서로 화합할 수 없는 지점을 항상 가지게 되었다. 아무리 속마음까지 소통하는 사이라고 하더라도 업무에 있어서는 서로 이야기를 자제하게 되었다. 어쩌면 보건교사 스스로 철저하게 벽을 치고 일반교과 교사를 대하지 않을까 싶다. 젊었을 때는 이런 마음이 약하다가 학교에 근무를 오래 설수록, 이런 고정관념은 단단해져 어쩌면 더욱 혼자만의 시간을 가지게 되는지 모르겠다. 결국, 고정관념을 가진 사람은 그 고정관념으로 귀한 것을 놓칠 수 있다.

　책 쓰기에 대해서도 일반적이면서 강력한 고정관념이 있다. 이 고정관념으로 인해서 섣불리 책 쓰기를 도전하지 못한다. 책 1권 써보는 것이 평생 버킷리스트인 사람도 쉽사리 시작을 못 하게 된다. 보건교사 중에서도 책을 쓰고 싶은 사람이 있을 것이다. 그렇다고 하더라도 바쁜 보건 업무 때문에 집안 사정 때문에, 기타 다양한 이유로 책 쓰기는 차일피일 미룬다. 보통 사람들이 책 쓰기에 대해서 많이 말하는 것 중의 하나는 "5년 뒤에 나는 책 1권 쓸 거야!"이다. 하지만, 그놈의 5년 뒤는 절대 오지 않는다. 지금 당장, 나는 책 쓰기 어떻게 하는지 알아볼 거야, 라는 답이 훨씬 현실적으로 책 쓰기 시작할 가능성이 커진다. 5년 뒤에 어떤 일들이 있을지 모르는데, 미래 일이라고 확신을 두고 이야기할 수 있는 것은 아니다. 아니, 말은 할 수 있지만, 생각처럼 5년 뒤에 시작하는 사람은 많지 않다. 이렇게 책 쓰기를 뒤로 미뤄두는 이유는 바로 고정관념 때문일 것이다. 책 쓰기에 관한 그 구체적인 고정관념들을 정리해 보자면 아마도 다음과 같은 것이 가장 강력한 고정관념이지 않을까 생각해본다.

첫째, 글을 잘 써야 책을 쓴다.

글을 잘 써야 책을 쓴다고 생각하는데, 보통 사람은 글을 많이 써보지 않았기 때문에 자신이 글을 잘 쓰는지, 못 쓰는지는 써보지 않고는 잘 모른다. 특별한 사람을 제외하고 자신의 글쓰기 재능을 가늠할 수가 없는 것이다. 뒤늦게 그 재능을 발견할 수도 있다. 또 재능이 없다고 하더라도 자기계발서를 쓰는 데는 아무 상관이 없다. 왜냐하면 자신의 삶을 사례로 사용해서 책을 쓰기 때문에 자기 삶이 없는 사람은 없고, 또 매끄럽지 못한 글이라도 그 삶에 관한 독특성이 존재하기 때문에 독자는 충분히 읽을 만한 가치를 느끼면서 읽는다.

둘째, 글쓰기를 타고난 사람이 책을 쓴다.

글쓰기 타고 나지 않아도 써보면 글쓰기 실력이 점점 좋아진다. 꾸준히, 많은 양의 글을 자판으로 치는 것이 관건이다. 매일 자판 필사하고 내 글이든 남의 글이든 쓰기만 한다면 생각 외로 빠른 성장을 이룰 수 있는 것이 바로 글쓰기이다. 글쓰기에 대한 고정관념 때문에 글을 잘 쓰지 않은 것이 문제이지, 글을 못 쓰는 것이 문제는 아니다. 말을 잘하지 못하는 사람은 없다. 의사 표현은 다 하면서 산다. 글쓰기도 우리의 표현 욕구이다. 말하는 것처럼, 글도 쓸 수 있다는 사실을 하루라도 빨리 깨닫기를 바란다. 말만 하고 살 때랑 글까지 쓰면서 살 때는 삶의 질이 달라진다. 새로운 삶의 시작이 글쓰기를 하게 되면 열린다는 것을 깨닫게 된다.

셋째, 많이 배우고 성공한 사람이 책을 쓴다.

성공한 이야기, 특별히 지식에 대해서 독자들이 관심 있어 하는 것은 사실이다. 하지만, 그것 이상으로 실패한 이야기, 특별하진 않지만, 작가의 노력했던 사례, 기타 새로운 영역의 이야기들에 더 관심과 호감을 느낀다. 그런 것을 쓰면서 자신의 메시지까지 추가하면 멋진 글이 된다. 성공한 글감으로만 책을 쓰는 것이 아니라 실패한 경험도 훌륭한 글감이다.

넷째, 평범한 사람은 책을 못 쓴다.

평범한 독자는 평범한 작가의 이야기에 호기심이 생긴다. 왜냐하면 자신이 평범한 사람이기 때문이다. 나와 같은 사람이 어떻게 해서 책을 썼고, 그 책에는 어떤 내용을 실었는지 궁금해진다. 특별히, 소소한 일상에서 의미를 찾아내, 삶의 지식과 지혜를 얻는 책들은 가볍게 읽으면서 재미까지 느끼게 되어 요즘 시대에는 특별하지 않은 평범한 작가들의 책들이 사랑을 받고 있다. 때론 지루한 듯한 소소한 삶이 그런 책을 통해서 새로운 관점을 가질 수 있게 되어 더욱 환영받는 시대가 된 것이다.

책 쓰기에 대한 고정관념, 사람마다 정말 다양하다. 내가 가장 약하다고 생각하는 부분에 고정관념이 있다. 본인이 글쓰기를 못한다고 생각한다면 '책 쓰기, 그것, 글 잘 쓰는 사람이 하는 거야, 글쓰기는 재능으로 타고나야 할 수 있어. 나 같은 사람은 할 수 있는 것이 아니야.'라고 경계의 벽을 쌓는다. 자신이 특별하지 않다고 여기는 사람이라면, 또, 책 쓰기는 평범한 사람이 하는 것이 아니란 고정관념을 가진다. 나 자신은 어떤 고정관념을 가지고 있었는지, 한번 체크해 보는 시간을 가져보자. 나의 고정관념을 알아야 그 고정관념을 넘어설 수가 있다.

책 쓰기의 고정관념을 가졌다면, 그 고정관념으로 인해 내 소중한 삶에 미친 거대한 손해를 인지해야겠다. 보건교사가 일반교사에 대한 고정관념을 버릴 때, 학교에서 진심 어린 관계가 형성되어 더 많은 배움과 기회를 얻을 수 있듯이 책 쓰기에 대한 고정관념을 내려놓을 때, 책 쓰기의 가치를 내 삶으로 가져와 더 만족스러운 삶을 살 수 있다. 책은 특별한 사람만의 전유물로 생각했던 생각 자체를 이제는 내려놓자. 책 쓰기가 과거처럼 거창하지도 어렵지도 특별한 사람의 전유물도 아니다. 보건교사라면 보건실에서 일어나는 소소하면서 다양한 에피소드를 그냥 일기식으로 써도 보건실이 궁금한 사람들에게는 귀한 정보와 자료가 된다. 보건 업무를 하면서 알게 된 나만의 보건 업무 노하우를 혼자만 알지 말고 책으로 쓴다면 다른 보건교사에게 귀한 업무 매뉴얼이 될 수도 있다. 보건실에서 근무서는 보건교사는 얼마든지 다양한 주제로 책을 쓸 수 있다. 책 쓰기를 보건교사가 하지 못한다는 고정관념만 버린다면, 세상에 나의 이야기를 전달하고 그 전달로 또 다른 세계를 만들어갈 수가 있다. 지금 보건교사 중에서 책 쓰는 보건교사의 수는 점점 늘어나고 있다. 먼저 그 길을 간 사람들의 열정과 노력으로 다른 보건교사가 책 쓰기에 대한 고정관념을 깨나가고 있다. 보건교사인 나 자신부터 책 쓰기의 가치를 인지하고 책 쓰는 보건교사의 삶에 도전해 보길 권한다.

책 쓰기는 A4 2장 쓰기에 집중한다

안녕하세요.

수능 후송 차량 지정과 그 담당자에 대해서 제안하고자 글을 씁니다.

수능 날, 후송 차량은 보건교사가 아닌 일반 교직원 차량으로

지정했으면 합니다.

왜냐하면 보건교사가 같이 타면 위급한 상황으로

환자를 돌보면서 병원까지 가야 하는데 운전을 하면서

환자를 돌볼 수 없기 때문입니다. 보통은 운전자 1명, 함께 탄

학교 담당자 1명 이렇게 후송하는 것이 일반적입니다.

학교 내 응급환자 발생 시 적용하는 응급환자 관리 매뉴얼에 의하면

환자를 크게 2 분류로 나누는데, 경한 환자인 경우

학부모-담임교사-보건교사 순서로 후송을 담당하고 있으며

위급한 환자면 보건교사와 담임교사가 같이 타서 함께

병원까지 후송하는 것으로 관리하고 있습니다.

이렇게 대부분의 학교가 매뉴얼 대로 응급환자를 관리하는 이유는

언제 어느 순간에도 위급한 환자는 발생할 수 있고 최대한

응급환자를 놓치지 않기 위해서입니다.

수능 당일, 구급차에 문제가 있을 경우를 대비해서

후송 차량을 명확히 정하는 것이 필요하다고 생각합니다.

보건교사 단톡방에서도 이런 이야기를 나누었는데, 대부분 학교에서

일반교직원의 차량을 후송 차량으로 지정하고 보건교사는 후송 중

응급처치를 담당하는 것으로 대비하는 것으로 계획을 세우고

있다고 하니 참고해주세요.

수능 시 응급환자 관리에 관한 부분은 우리 학교가 특수학교

수능 장소인 만큼 앞으로도 중요 부분이 될 것으로 생각합니다.

학교 내 유일한 의료인으로서

메시지로 의견을 드리니

참고하여 주시길 바라봅니다.

위의 글은 보건교사이면서 의료전문인 내가 쓴 제안 글이다. 대학 수능 날에는 응급 후송차가 대기하지만, 만약의 사태를 대비해서 학교 내 후송 차량과 후송 담당자를 추가로 지정해야 한다는 것이다. 보건교사는 후송 담당자가 아니라 응급환자 처치 담당자가 된다. 그런데, 아차 하면 쉽게 응급환자 후송이니까 환자와 관련 있는 보건교사가 후송도 담당해야 한다고 착각할 수 있다. 관리자의 경험이 많지 않다면 이런 실수를 할 수 있다. 그래서 나는 길게 글을 작성해서 관리자와 교무부장에게 보냈다. 이렇게 길게 써도 한 장이 차지 않는다. 보건교사에게 길게 글을 쓸 경우가 아마도 이런 제안 글을 쓸 때일 것 같은데, 이때조차도 A4 1장을 채우지 않으니, 보건교사가 더 긴 글을 쓸 상황은 거의 없다. 하지만, 책 쓰기를 도전하면 이 길이보다 더 길게 글을 자주 쓰게 된다. 책 쓰는 과정이 이런 긴 글쓰기를 연습하는 과정이기 때문이다. 그래서 책 쓰기 도전으로 긴 글 쓰는 역량을 키울 수 있다고 볼 수 있다.

A4 2장 쓰기, 언제 해본 적이 있는가? 아마도 거의 없을 것이

다. 보건교사라는 직업 특성상, 글쓰기와는 크게 관계가 없다고 생각해 왔을 것이다. "보건교사가 무슨 글쓰기 능력이 필요해? 그 냥 감염병 관리, 응급 대응, 기타 보건 업무만 잘하면 되지."라는 생각이 보건교사들의 지배적인 생각일 것이다. 나도 그랬다. 글쓰기 능력이 보건 업무와 무관하다고는 생각했었다. 어쩌면 일부러 인정하고 싶지 않았는지 모르겠다. 글을 쓰고 책을 쓰는 삶을 살면서 나는 책을 쓰기 전과 쓴 후에 놀라운 변화를 느끼고 있다. 책을 쓰기 전에는 특별히 잘 몰랐던 사실을 책으로 쓰고 나서는 조금씩 알아차리게 되었다. 긍정적인 효과들이 여기저기에서 나타나고 있다.

책 쓰기는 바로 A4 2장 쓰기를 연습한다는 느낌 자체가 없이 매일 하게 한다. 책 쓰기의 가장 핵심은 매일 글을 쓰게 한다는 사실이다. 매일 어떻게 쓸 수 있을까? 의아해할 수 있는데, 방법은 간단하다. 처음부터 내 글을 쓰려하지 말라는 것이다. 내 글을 처음부터 쓸 수 있는 사람은 많지 않다. 그런데 무리해서 쓸 뿐이다. 이런 방법은 도움이 안 된다. 오히려 글쓰기가 힘들다고 머리에 세뇌하는 효과가 생겨 글쓰기와 점점 멀어질 수 있다. 그러니, 할 수 있는 방법은 남의 글부터 베껴 쓰는 것이다. 이 베껴 쓰는 것에 대해서 거부감을 가진 사람이 꽤 많다. 베껴 쓰기를 거부하고, 베껴 쓰기에 대한 가치를 특별히 느끼지 못한다는 사실이다. 대부분 사람이 거의 그렇다고 본다. 하지만, 우리가 잊고 있는 것이 있다. 처음부터 뭔가를 잘할 수 없다. 우린, 모방을 통해서 배워나간다. 그배움이 밑바탕이 되어 우리는 변한다. 자신이 변하고 삶이 변화된다. 이것이 바로 새로운 창조의 원리이다. 이 원리에 대해서 거부하고 무가치하다고 느끼고 말하는 사람은 과거에서만 살겠다는의미와 비슷하지 않을까 생각해본다. 현시점에서 새롭게 변화하고 새로운 것을 배우고 익히려면 철저히 베껴서 내 것으로 만들어야 한다.

〈데일리 변속기 수행 14일 〉

 - 미션 : 필사, 인스타그램 감상 글쓰기

 - "바탕", 10포인트로 작성.

★ 01.29(수)★

1. 정-필/감 1월 14일 차(총 14일 차)

2. 이-필/감 1월 14일 차(총 14일 차)

1급 보건교사 연수에 강의를 마치고 난 후, 나는 공저를 쓰기 시작했다. 100명 이상의 보건교사 중에서 5명만이 용기를 내주었다. 그래도 이것이 어디인가? 싶다. 이 보건교사들은 정말 앞서가는 사람이다. 생각에 머물지 않고 삶을 변화시키기 위해 실천하려는 사람이란 사실을 나는 안다. 스스로 내면에서 일어나는 성장의 욕구를 실천하는 사람, 외부의 환경에 지배되는 것을 거부하고 원하는 것을 찾아 나가는 내공이 있는 사람이라고 믿는다. 하지만, 책 쓰기는 처음이기에 그동안 내가 공저 쓰기를 이끈 노하우로 지금 자판 필사부터 시작하고 있다. 자판 필사는 바로 A4 2장을 써내는 힘을 기르는 최고의 비법이다. 자판 필사만 하고도 스스로 긴 글쓰기의 힘이 생긴다고 나는 생각한다. 필사만 했을 뿐인데, 글쓰기 실력뿐만 아니라 글쓰기의 진정한 가치를 온몸으로 느끼게 될 것이다. 책 쓰는 과정은 그동안 잠들어 있던 글쓰기의 본능을 깨우는 과정이다. 최소 A4 2장 정도 길이의 글을 남의 글부터 열심히 베껴 쓰면서 내 글도 베껴 쓴 그것처럼 길게 쓰게 한다.

　책 쓰기 과정의 핵심은 자판 필사이다. 자판 필사로 A4 2장 쓰기부터 시작하면 된다. 책을 쓰기 위한 목적의 자판 필사는 우선 쉬운 책부터 구매한다. 나는 내가 출간한 《내 인생 첫 책 쓰기의 비법은 필사이다》을 추천한다. 이 책에서 필사에 관한 다양한 고정관념에 관해서 적어 두었는데, 자신의 고정관념을 체크해 볼 수 있고, 필사의 구체적인 방법에 대해서도 참고할 수 있다. 이 책을 소개로 오해받을 수도 있겠지만, 그래도 가르치는 사람이 쓴 책을 교재로 사용하는 것이 이해도를 높이고 성장하는 데 더 도움이 된다고 생각한다. 어찌하였든, 책 쓰기의 관건은 글을 길게 쓸 수 있어야 한다는 것이다. 자기 경험 일화를 한 문단으로 쓰고, 그것에 관한 생각을 현재 시점에서 재해석하고 메시지로 또 한 문단을 쓰면 된다. 책 쓰기의 처음도 끝도 결국, A4 2장 쓰기에 집중하는 것이다. A4 2장인 1꼭지 쓰기를 해야 37꼭지를 써서 책 1권 분량을 만들기 때문이다. 책 쓰기, 남의 글 A4 2장을 쓰기 위한 자판 필사부터 시작이고, 마지막도 A4 2장 내 글쓰기에 집중하기 때문에 책 쓰기 도전하는 것만으로 긴 글쓰기를 자연스럽게 몸에 익히게 된다.

책 쓰기, 자판 필사와 감상 글쓰기부터 한다

"보건교사 공저 쓰기 도전합니다."

"공저 쓰기 희망하시는 보건 선생님께선 용기를 내어 도전해 보세요."

"할까? 말까? 하는 것은, 하는 것이 후회가 없습니다."

나는 1급 보건교사 자격연수 강의 요청을 받고 강의했다. 주제는 "보건교사를 위한 인문학"이었다. 내가 할 수 있는 강의 주제는 책 쓰기, 글쓰기에 관한 내용이다. 이미 한해 전에 책 쓰기에 대해서 강의했었다. 나는 그때, 보건교사들이 "책 쓰기" 주제를 조금 어렵게 느끼지 않았을까? 생각해봤다. "일하기도 바빠죽겠는데,

무슨 책 쓰기? 책 쓰는 것은 타고난 사람만이 하는 것이지 보건 업무하고 책 쓰기하고 도저히 불가능한 것을 왜 강조하는 것일까?"라고 생각하는 보건교사가 아마도 있었을 것 같다. 사실, 생각의 차이다. 보건 업무를 하는 데만도 시간이 부족하고 너무나 바쁜 것 맞다. 인정한다. 하지만, 바쁠수록 돌아가라는 말이 있듯이 바쁜 업무를 하는 사람일수록 마음의 여유와 중심을 잡고 우선순위를 정해서 일을 해야 한다. 보건교사, 남들은 너무나 여유롭게 일한다고 부러워하기도 하지만, 그것은 보건 업무를 잘 몰라서 하는 말이다. 진짜는 남들이 모르는 애로사항이 많다. 화장실 한번 편하게 다녀오지 못하는 직업이 바로 보건교사라는 직업이다. 그럴수록 보건교사는 중요한 일을 놓쳐서는 안 되는데, 자기 내면을 강하게 하는 일을 겸해서 해야 한다고 본다. 책 쓰기가 보건교사의 마음을 단단하게 하고 비상 상황에서 조용히 중추적인 역할을 할 수 있는 역량을 키울 수 있다고 본다. 책을 써보지 않은 사람은 알 수 없는 부분이다. 보건 업무를 하면서 책을 써본 나는 보건 업무를 하는 보건교사에게 책 쓰는 그 역량이 어쩌면 보건교사의 내공을 강하게 키워주는 것으로 생각하게 되었다. 그래서 이번, 1급 보건교사 자격연수에서 강의가 끝나고 난 뒤 새로운 시도를 해보려고 했다. 능력이 있는 보건교사, 행복한 보건교사를 위한 프로

젝트, 바로 공저 쓰기 시도이다. 책 쓰기를 통해서 글쓰기 역량을 키우고, 내면까지 단단한 보건교사가 되어 학교의 건강지킴이 역할을 수월하게 할 수 있다. 결국, 책을 써봄으로써 보건교사 자신조차도 바쁜 와중에도 여유롭게 일하면서 행복한 삶을 살아갈 수 있을 것이다.

안녕하세요. 선생님.

단톡방 만들었습니다. 현재 5명이 신청하셔서 공저 쓰기 진행해 보려 합니다. 일단, 자판 필사와 인스타그램에 감상 글쓰기부터 시작할게요. 시작 전 준비할 부분은 다음 2가지입니다.

첫째, 책 쓰기용 자판 필사책 구매입니다. 제가 출간한 책 2권으로 필사해 보겠습니다.

《내 인생 첫 책 쓰기의 비법은 필사이다》와 《A4 2장 쓰면 책 1권 쓴다》입니다.

둘째, 인스타그램의 계정 없으면 계정부터 만들고 계정 주소, 단톡방에 연서 달아주시면 될 것 같아요.

이번 주 수요일, 1/16부터 자판 필사와 감상 글쓰기 하시고 단톡방에 1꼭지 (목차의 소제목) 글 쓰시고 사진 찍어 올리시고 인스타그램에 필사한 내용 중에 마음에 남는 것, 기타 내용 사진 찍어 올리시고 한 단어, 한 문장이라도 자신의 느낌, 생각을 글로 써주세요.

구체적인 계획은 다음과 같습니다.

첫째 1/16~2/15 자판 필사와 인스타그램에서 감상 글쓰기

둘째, 2주 후 첫 줌 모임 실시

줌 모임에서 자세한 책 쓰기 계획, 일정, 다시 안내해 드릴게요.

** 궁금한 것은 언제든 질문해 주세요. 개인 톡도 좋고 단톡방에서도 괜찮습니다.

위의 내용은 1급 보건교사 자격연수를 받았던 보건교사와 공저 쓰기를 진행하기 위해 처음으로 단톡방에 올린 내용이다. 1급보건 자격연수에서 나의 강의를 들은 보건교사는 150명가량 될 것 같다. 그중에서 책 쓰기 도전을 해보겠다고 메일로 연락이 온 사람이 5명이다. 150명 중의 5명이면 극히 일부이다. 책 쓰기에 대해서 어렵다고 생각하는 보건교사가 그렇게 많다는 의미일 수도 있다. 그래도 5명이면 공저 1팀은 꾸릴 수가 있다. 책 쓰기를 원하는 보건교사에게는 천만다행이다. 위의 내용에도 나와 있지만, 공저 단톡방을 구성하고 난 뒤, 가장 먼저 하는 것이 자판 필사와 감상 글쓰기이다. 감상 글쓰기는 자판 필사 후에 필사 내용 중에 마음에 감동으로 남는 문구를 사진을 찍어 인스타그램에 올리고 그

것에 대한 본인이 느낀 점을 적는 것이다. 엄밀히 말하자면 자판 필사가 감상 글쓰기보다 우선이다. 자판 필사를 먼저 하는 이유는 글을 쓰려면 글쓰기 연습을 해야 하기 때문이다. 책 쓰기도 글쓰기이다. 1꼭지 글을 37번 쓰면 책 1권 분량이 나온다. 처음부터 200페이지 넘는 글을 써내는 것이 아니라, 1꼭지, 1꼭지 글을 써서 37번을 쓰면 200페이지 이상의 책 1권을 써낼 수 있는 것이다. 1꼭지 글을 쓸 수 있으면 된다. 그것이 책 쓰기의 관건이다. 그래서 1꼭지 글을 쓸 수 있는 몸을 만들기 위해 먼저 1꼭지 자판 필사부터 바로 시작하는 것이다. 모든 결과물은 기본적으로 채워야 할 에너지와 노력이 있다. 그것을 채우는 데는 시간 투자가 필수이다. 책 쓰기 성공 시점을 정했다면, 하루라도 빠른 출간을 위해서 1꼭지 자판 필사를 먼저 시작하는 것이다. 감상 글쓰기는 자판 필사 후 1단어나 1문장으로 자기 내면을 인스타그램에 적으면 된다. 책 쓰기라면 자판 필사와 감상 글쓰기가 가장 먼저이다.

"책 1권을 어떻게 다 채우지?"

"책 1권 쓰는 사람은 정말 대단해, 무슨 할 말이 그렇게 많아서 책 1권을 다 쓰는가?"

책 쓰기를 잘 모르는 사람은 자신이 가지고 있는 기존 능력으로 책을 써야 한다고 생각한다. 그러니, 책 1권을 쓰는 사람이 대단해 보이는 것이다. 타고난 글재주나, 원래 글쓰기 하면 자신 있는 사람들이 하는 것이 바로 책 쓰기라고 잘 못 알고 있다. 나 또한 책 쓰기에 대해 경험하기 전에는 그렇게 생각했다. 책 쓰기는 배워서 하는 것이 아니라, 그저 있는 능력을 활용해서 책을 쓰는 것이라고 단순히 생각한 것이다. 다른 기능들은 다 배우고 몸에 익혀서 쓴다고 생각하는데, 글쓰기, 책 쓰기만은 다른 기능처럼 배우고 익히는 과정을 빼고 생각하는 것이다. 그러니, 책 쓴 사람은 대단한 사람이 되는 것이다. 그리고 그 사람은 나와는 동떨어진 사람, 범접할 수 없는 사람이 된다. 이런 생각의 큰 문제는 책 쓴 사람은 나와는 다른 사람이란 생각으로 인해 책 쓰기를 시도할 엄두를 내지 못한다는 것이다. 결국, 내 생각에 나는 삶을 바꾸고 대단한 삶의 소유자가 할 기회를 얻지 못하게 되는 것이다. 그러니, "생각"이 중요하다. 누구는 "사고방식"이라고 하는데, 이 생각, 사고가 결국, 내 삶을 결정하는 것이다. 책 쓰기에 관한 생각을 지금부터 바꾸면 된다. 책 쓰기는 글을 잘 써서 쓰는 것이 아니라, 오히려 글을 잘 못 쓰는 사람들이 도전해야 할 분야라고 생각해야겠다. 책 쓰기 결단을 내린 후, 자판 필사와 감상 글쓰기부터 시작하면 점점 글쓰기가 몸에 습이 된다.

　책 쓰기 시작하려면 가장 먼저 할 것은 자판 필사와 감상 글쓰기이다. 책 쓰기에 관해서 잘 모르는 사람은 의아하게 생각할지 모르겠다. 왜냐하면 책 쓰는 방법을 배우고 나서 자신의 글을 바로 쓸 줄 아는 사람이 대부분이다. 하지만, 처음부터 바로 자신의 글을 쓰는 것은 아니다. 자판 필사를 하면서 몸에 글쓰기를 익히는 시간이 필요하다. 나도 인생 첫 책을 쓸 때, 책 쓰기 전에는 워낙 쓰지 않고 살았기 때문에 책 쓰는 방법을 알고 있더라도 스스로 자판 필사를 시작했다. 자판으로 베껴 쓰면 나도 책을 쓸 수 있겠다고 하는 생각으로 필사했다. 그런데 지금 여러 권의 책을 써 보니, 출간한 책도 퇴고를 최소 10번 이상은 한 글이었다. 초고 쓰고 퇴고하면 글은 다시 다듬어지고 다듬어져서 초고보다는 훨씬 부드럽고 매끄러운 글이 된다. 우린, 그렇게 출간된 책을 보면서 좌절하면 안 된다. 우리의 글도 자꾸 수정하면서 읽기에 좋고 공감하는 글이 되어간다. 책을 쓰기 전에는 그냥, 아무 생각 없이 자판으로 두드려 치다가 조금씩 서론-본론-결론을 생각하면서 다시 자판 필사하고 그렇게 글쓰기 감을 잡아가면 되겠다. 그리고 인스타그램에 자신의 느낌을 글로 쓰는 것도 병행해야겠다. 이것이 바로 책 쓰기 과정의 핵심이라고 나는 말한다. 멘토는 그래서 필요하다. 자신이 잘못 생각하는 부분, 잘 못 알고 있는 부분을 조언해 줄 수 있다. 멘토의 조언을 진지하게 받아들인다면 멘토처럼 간절했던 책 쓰기도 가능해진다. 의심하지 말고, 책 쓰기 시작한다면 자판 필사와 감상 글쓰기부터 한다는 생각으로 묵묵히 성실하게 해보시길 권한다.

자판 필사로 글 쓰는 몸을 만든다

　필사 자체를 꺼리는 사람이 많다. 일명, 필사에 대한 고정관념을 가진 사람이다. 그런데도 대부분 사람은 필사의 가치를 잘 안다. "필사", "필사" 여기저기에서 필사가 중요하다고 이야기한다. 하지만, 나는 전혀 흔들리지 않았다. '남의 글을 베껴 쓰는 것이 뭐 그리 대단하다고!, 차라리 그 시간에 내 글을 쓰겠다.'라고 생각했었다. 그렇지만, 내 글은 쓰지 못했다. 맨땅에 헤딩하듯이 글이라고는 써보지 않았는데, 어떻게 쓰겠는가? 일기는 쓸 수 있다. 나 혼자 보기 때문에 형식 무시하고 아무렇게 감정 배출을 목적으로 쓰면 된다. 하지만, 나 자신도 그 글은 다시는 보고 싶지 않을 것이다. 글이란, 자고로 나 자신만이 읽는 글일지라도 읽고 나서 남는 좋은 여운이 있어야 한다. 뭔가 감동이나, 배울 점이 한가지는 내면에서 일어나야 한다. 그래야 글을 읽은 보람을 느끼고, 뭔가 얻었다는 느낌이 들어서 또 글을 읽고 싶어진다. 독서를 좋아하는 사람의 대부분은 이런 감정을 느꼈기 때문에 계속 책을 가까이하게 된다.

1. 베껴 쓰는 것이기에 얻는 것이 없다.
2. 글은 자고로 자신의 글을 써야 한다.
3. 필사, 왠지 자존심이 상한다.
4. 필사는 손으로 써야 하기에 힘들다.
5. 필사하기에 시간이 아깝다.
6. 필사가 재미없을 것이란 선입견이 있다.
7. 모방의 가치를 자주 망각 한다.

위의 내용은 《내 인생 첫 책 쓰기의 비법은 필사이다》에 쓰인 필사를 꺼리는 이유이다. 이것은 필사하기 위해서 한 번쯤 이해해야 한다. 7가지 중에서 내가 가진 필사에 관한 부정적인 심리는 어떤 것인지 유심히 확인해보자. 개인적으로 나는 1번과 4번의 이유로 과거에 필사하지 않았었다. 1번은 베껴 쓰는 것이기에 얻는 것이 없다는 것인데, 나는 정말 그렇게 생각했다. 그대로 모방이 주체성 없는 사람의 행동이라고 생각했을지 모르겠다. 그것은 잘못된 생각이었다. 그런 생각 때문에 나는 가치 있는 필사를 내 삶에 활용하지를 못한 것이다. 모방하는 것처럼 잘 배우는 것도 없다. 이때까지 살아오면서 우린 많이 느꼈다. 그대로 따라 하기 위해 노력하는 사람이 결국, 원하는 것을 이루어내는 모습도 많이 봤다. 필사를 싫어했던 이유 중의 또 다른 하나는 필사하면 무조건 손으로 해야 한다는 생각이었다. 손으로 글씨를 쓰는 것은 곤욕이다. 내 이름 석 자 쓸 때도 글씨가 날아간다. 보건실에서 학생이 오면 먼저 수기로 자신의 반 번호 이름을 쓰게 한다. 그리고 옆에다가 불편한 증상을 적게 한다. "보건 일지"라고 해서 양식을 만들어 매일 아침 출력해서 준비한다. 그것을 보고 나는 다시 컴퓨터 보건일지에 입력한다. 처치일지를 그렇게 작성하는 것이다. 아이들이 많아서 수기 기록만 받고 처치를 할 경우도 있다. 아이들을 다 보내고 나서 그것을 컴퓨터에 한꺼번에 기록하려고 하면, 대부분, 이름조차 알아볼 수가 없을 정도이다. 자신의 이름도 명확하게 쓰지 못한다. 그 정도는 아니지만 나 또한 손 글씨가 쉽지 않다. 그런데, 책을 손으로 베껴 쓰라니!! 생각할 것도 없이 나는 "할 수 없다."란 생각을 가졌었다.

"필사를 시작한 지 얼마 안 되었지만, 필사하고 나서 느낀 점은 다음과 같다. 첫째, 문장을 간단명료하게 써야 한다는 것이다. 나는 글쓰기 실력이 좋지 않았기 때문에 문장이 길어지면 전달하고자 하는 의미가 명확해지지 않았다. 따라서 문장을 간단명료하게 써야 한다. 둘째, 필사는 매일 매일 써야 한다는 것이다. 짧은 시간이라도 매일 매일 글을 가까이하고 잘 쓴 글을 따라 써야 잘 쓴 글을 내 것으로 조금이라도 만들 수 있다는 것이다. 이렇게 하루하루 필사한 것이 쌓여 언젠간 내 글을 쓸 수 있지 않을까 생각한다."

위의 내용은 1급 보건교사 자격연수 강의를 하고 현재 공저 쓰기를 하는 K 보건교사의 감상 글이다. 자판 필사를 통해서 자기 글을 되돌아보고, 글이란 자고로 길게 쓰면 안 되고 단문으로 써야 한다는 사실을 깨달았다고 한다. 또한, 글쓰기를 매일매일 해야지, 잘 쓰든 못 쓰든 점점 글쓰기가 편해질 것 같다는 느낌도 전달한다. 그리고 가장 중요한 것, 필사를 통해서 점점 글쓰기에 자신감을 가지게 되었다는 것이다. 자신감은 그냥 생기는 것이 아니다. 내가 잘할 수 있을 것 같은 믿음이 있어야 생기는 것인데, 그 믿음은 실제 평상시 행동을 해야 자신감이 생긴다. 필사를 하기 전에는 긴 글쓰기, 책 쓰기에 자신이 없었지만, 긴 글을 쓰는 자판 필사를 매일 행동함으로써 긴 글을 쓰는 책 쓰기에도 왠지 모르게 자신감이 생겨난다는 것이다. 공저 쓰기 도전하는 또 다른 보건교사의 감상 글을 몇 가지 더 보도록 하겠다.

"자판 필사를 시작한 지 이제 11일 차. 이제는 나도 자판 필사가 나의 글쓰기 실력을 올려주어 미래에 나를 작가로 만들어 줄 것임을 믿어 의심치 않는다."

위의 글은 J 보건교사의 감상 글이다. 역시 공저 쓰고 있는데, 소소하게 많은 표현을 하는 보건교사이다. 자판 필사가 글쓰기 실력을 좋게 할 수 있을 것 같다는 생각을 표현했다. 향상된 글쓰기 실력으로 작가의 삶에 대한 확신도 생긴 느낌이다. 자판 필사를 하면 그리 오랜 시간을 필사하지 않아도 평범한 사람들은 알아챈다. 글쓰기 능력향상은 자판 필사로 가능하다는 사실을 느낀다. 그동안 우리가 글쓰기를 두려워하고 피하려고 했던 이유는 글을 많이 쓰지 않았다는 사실이 여기서도 드러난다. 남의 글이라도 자판으로 글을 쓰기만 해도 겨우 11일 만에 나도 글쓰기 할 수 있겠다는 것을 느끼게 된다. 자판 필사를 몰라서 글쓰기도 못 했을 뿐이다.

비법만 안다면 글쓰기 실력향상을 가져다주고 글쓰기 몸을 만드는 데 문제가 없다.

"요즘은 필사하는 것이 즐겁기까지 하다. 책 쓰기라는 공동 목표를 가지고 함께 같은 길을 걷는 작가님들이 없었다면 과연 내가 필사를 꾸준히 할 수 있었을까? 매일매일 필사하는 즐거움을 온전히 느낄 수 있었을까 싶다. 새삼스럽지만 함께하는 작가님들께 감사한 마음이 느껴지는 오늘이다."

역시 공저를 쓰고 있는 L 보건교사의 감상 글이다. 자판 필사로 인해 즐거운 마음이 된다는 것인데, 이것도 충분히 공감한다. 남의 글을 베껴 쓰는 필사가 나에게 즐거움이 된다는 사실이 놀라울 수 있을 것 같은데, 사실이다. 누군가는 자판 필사를 통해서 마음을 단단히 한다는 작가도 있었다. 또 다른 작가는 삶이 너무 팍팍하고 살기가 힘들어서 자신은 필사한다고 했다. 손 필사도 하고 자판 필사도 하고 필사가 있어서 자신은 살아갈 수 있다고까지 표현했다. 필사가 단순히 책을 쓰기 위한 글쓰기 근육을 만드는 것 외에 부차적인 효과가 크다. 자판 필사를 할 때는 아무것도 신경 쓰지 않고 자기 손가락 촉감과 "탁탁" 자판 소리에만 집중할 수 있어서 너무나 좋다는 사람도 많다. 자판 필사, 정말 크게 기대하지 않고 시작했더라도 생각 외의 효과들에 놀라는 사람들이 많다.

자판 필사를 매일 하다 보면 글 쓰는 몸이 만들어진다. 매일 하는 일은 무엇이든지 점점 잘하게 된다. 남의 글을 쓰는 자판 필사, 자판으로 두드리기 때문에 필사하기도 쉽고 하기 쉽기에 매일 할 수 있다. 매일 하는 자판 필사로 얻는 효과는 다양하다. 현재 1급 보건교사 자격연수에서 만난 보건교사들은 공저 쓰기를 하고 있는데, 자판 필사의 효과를 각자 다양하게 표현하고 있다. 자신의 가장 취약한 부분을 보완하는 것이 자판 필사라고 생각한다. 무슨 한약도 아닌 것이 자판 필사의 효과는 한약처럼 약한 부분을 알아서 보완해서 우리의 삶을 즐겁게 하고 실력 또한, 키워주는 것 같아서 웃음도 나온다. 마음이 우울하거나 살기가 괴로운 사람에게는 자판 두드리며 필사할 때, 만사를 잊어버리고 오로지 필사에만 몰입할 수 있게 해서 삶의 활력소가 된다고 한다. 이런 것이 자판 필사가 즐거움을 만들어 내는 이유이다. 그리고 자판 필사의 효과 중에서 가장 기본은 글 쓰는 몸을 만들 수 있다는 것이다. 글을 매일 쓰기 때문에 쓰는 것이 익숙한 몸이 된다. 우리가 무엇을 시작할 때 몸부터 만들라고 강조한다. 운동하려면 운동 몸이 필요하고 공부를 잘하려면 공부하는 몸을 먼저 만들어가야 한다. 그것처럼 글을 쓰고 책을 쓰려면 쓰는 몸을 먼저 만들어야 한다. 자판 필사가 남의 글쓰기부터 시작해서 쓰는 몸을 만들어가게 하고 결국, 자신의 글도 쓰게 한다. 책을 쓰려는 사람에게는 자판 필사는 필수라고 할 수 있겠다.

감상 글쓰기로 내 안의 것을 표현한다

새로운 시작은 쉽지 않다. 말로 표현한다면, 시작이 조금은 수월하게 느껴질 수 있는데, 그 말하기도 어렵다. 글로 표현하기는 더 어렵고 부담스럽다. 말은 혼자서 중얼거릴 수 없어서 힘들고, 글은 글쓰기가 평상시 일상이 아니라 어색하다. 그런데 글쓰기는 상대가 없어도 할 수 있으니, 오히려 쉬울 수도 있다. 조금만 글쓰기에 익숙하면 뭔가 새로운 시작을 할 때, 도움이 된다. 일단, 말이든 글이든 먼저 표현하고 시작하면 자연스럽게 말과 글에 책임을 지려는 심리가 발동하기 때문에 시작의 실천력이 좋아진다. 1급 보건교사 연수에서 강의를 하면서 내 강의를 듣는 1급 자격연수를 받는 보건교사에게 함께 공저 쓰기를 하겠다고 선포했었다. 150

명 가까이 되는 보건교사 중, 얼마나 공저 쓰기를 신청할까? 내심 궁금해하면서 공저 쓰기를 약속했다.

안녕하세요. 선생님

CH 초등학교 K 보건교사입니다.

1급 자격연수 과정 중 보건교사 공저 쓰기 과정이 너무나도 매력적인 기회라는 생각이 들어서 이렇게 과감히 도전해 보고자 합니다. 할까? 말까? 망설였지만 선생님의 말씀대로, 도전하고 성취하여 힐링하는 소중한 시간이며 기회라는 생각이 들어서 오늘 수업 듣고 바로 신청 메일을 드립니다. 글을 쓰는 능력은 한없이 비루하지만, 선생님의 발자취를 따라 저 또한 글을 쓰는 삶을 살고 싶어서 보건교사 공저 쓰기에 도전합니다. 소중하고 다시 없을 기회를 주셔서 감사합니다^^

강의한 다음 날 공저 쓰기 신청 메일이 왔다. 다음날에 바로 연락을 주었다는 사실이 한편으로 대단한 선생님이란 생각이 들었다. 아마도 그전에 책 쓰기의 경험이 있었거나, 혹은 책 쓰기에 대한 평상시 간절함이 컸기 때문이지 않을까? 생각 해봤다. 어찌하였든, 1번으로 신청한 사람의 마인드는 이미 작가의 마음과 비슷할 것으로 판단했다. 결단을 내리고 그것을 또한 글로 써서 표현해서 전달했다는 사실은 아주 발전적이다. 이런 글은 보통의 감상 글보다는 더 쓰기 어렵지만, 무난히 글로 표현해서 새로운 기회를 내 삶으로 끌어들이는 데 성공했다고 본다.

감상 글쓰기는 자신 내면을 드러내는 글이다. 어떤 상황에서 자기만의 생각이나 느낌을 적어주면 된다. 그런데 이것이 익숙하지 않으면 글 대신 말로 표현하기가 쉽다고 생각한다. 말은 상대방이 있어야 한다. 혼자서 중얼거리면 특별한 목적으로 그렇게 하는 것을 제외하곤 그렇게 혼자서 말할 일은 거의 없다. 항상 상대방이 있고 상대방을 향해 표현하는 것이 바로 말이다. 점점 바쁜 시대가 되어간다. 상대의 시간과 내 시간을 맞춰서 시간을 소비해 가면서 소통하는 경우는 점점 줄어들고 있다. 상대방이 여유시간이 될 때, 나의 의사를 확인할 수 있게끔 이제는 글로 표현하는 것에 익숙해져야 한다. 그것이 바로 감상 글쓰기이다. 그리고 책 쓰기에 있어서 나를 표현하는 이 감상 글쓰기가 다양한 글을 쓰도록 하고 편안하게 글을 쓰도록 도와준다. 우선, 공저 쓰기를 신청하는 것도 자기 내면을 표현하는 것인데, 이번 1급 보건교사의 공저 신청의 글을 한번 확인하는 것도 의미가 있을 것 같다.

선생님 안녕하세요.

유쾌하고 유익한 강의 정말 잘 들었습니다~!

그리고 평소에 개인적으로 육아서든 자기개발서든. 이런저런 책을 읽으면서 와, 이런 책을 쓴 작가님들은 정말 다른 세상 분들이신가? 천재이신가? 하면서 독자로서 독서만 조금씩 해오던 제가 공저. 이름만 들어도 어마어마한 느낌이라 재주 없는 제가 감히 신청해도 되는 걸까? 하는 생각에 많이 고민했어요. 그런데 선생님께서 강의 때 말씀해주셨던 걸 떠올리며 제가 조금이라도 한 발짝 나아갈 수 있는 계기가 될 수 있지 않을까? 하는 마음에 용기 내어 봅니다. 공저 쓰기 신청합니다.

선생님 안녕하세요.

저도 도전해 보고 싶어서 연락드립니다.

전북 부안 S 중학교입니다.

선생님, 안녕하세요.

저는 M 초등학교 K 보건교사입니다. 먼저 선생님의 강의에 정말 감명받았습니다. 정말 감사합니다. 사실 공저가 욕심나기보다는 글쓰기와 글쓰기 강의를 듣고 싶어 메일을 썼습니다. 글쓰기가 자신이 없어 항상 머뭇거리는데 더 이상 머뭇거리고 싶지 않습니다. 저도 참여할 수 있을까요? 교직의 길이 약 35년이 남았는데 글을 잘 쓰는 보건교사가 되고 싶습니다. 바쁘실 텐데 후배들을 위해 좋은 기회 주셔서 정말 감사합니다.

　선생님 안녕하세요.

　저는 M 여자고등학교 L 보건교사입니다.

　이번 1급 자격연수 때 선생님의 강의를 들으면서 공저에 관심이 생겨서 메일을 보냅니다.

　글 쓰는 것이 쉽지 않고 겁이 나지만 제 버킷리스트 중 하나가 제 책을 출판하는 거라서 선생님과 함께 제 꿈에 용기를 내보고 싶습니다. 좋은 기회 만들어 주셔서 감사합니다.

　글에서 그 사람의 개성이 드러난다. 대화하듯이 그 사람의 표정이 상상된다. 글도 다양한 감성을 드러내게 된다는 것을 위의 신청 감상 글을 보면서 느낄 수 있다. 어떤 글이 좋고 나쁘다는 차원이 아니다. 글쓰기에도 그 사람의 성향과 그 사람만의 온도가 드러난다는 측면으로 이해하면 된다. 그리고 글을 쓴 사람의 마음, 또한 느껴진다. 읽는 사람의 성향이란 프리즘을 통해서 걸러서 받아들여지겠지만, 그래도 공통적인 느낌이나 내용은 비슷하게 전달된다. 감상 글쓰기, 이것을 우린 꾸준히 해야 책 쓰기도 좀 더 쉽게 접근할 수 있다. 1권의 책을 거창하게 생각할 필요가 없다. 우린, 우리의 그릇만큼, 우리의 삶을 글로 책으로 쓰면 되는 것이다. 반드시 볼 사람은 본다. 그리고 내 경험을 통해서 간접적으로 체험하고 느끼면서 많은 것을 배우고 느낄 것이라고 믿는다. 그런 마음으로 감상 글쓰기를 연습하고 책 쓰기에도 도전하면 되는 것이다.

감상 글쓰기로 내 안의 것을 자꾸 표현해 보자. 공저든 개인 저서든 책 쓰기는 에세이식 자기계발서를 쓰는 것이 먼저다. 에세이식이니, 자신의 이야기를 많이 써야 한다. 자신의 과거 경험, 최근 경험, 현재 경험을 사례로 쓰고 그것에 대한 의미를 메시지로 써서 독자에게 전달하면 된다. 1꼭지, 1꼭지를 써서 책 1권의 분량이 되면 그것이 바로 책 출간으로 이어진다. 그리고 될 것 같지 않은 나 자신이 작가의 위치에 올라가게 된다. 계속 책 쓰게 된다면 책 쓰는 삶을 살면서 모든 상황과 삶을 글로 쓰고 책으로 쓰는 멋진 삶이 바로 내 삶이 될 것이다. 여기에서 자기 경험을 쓰고, 그 경험에 담긴 의미, 메시지를 자신의 언어로 쓴다고 했다. 그래서 이런 연습을 평상시에 일상처럼 하면 좋다. 그것이 바로 책 쓰기 과정으로 강조하는 인스타그램에 감상 글쓰기 미션이다. 표현하는 것도 습관이다. 표현하지 않는 사람은 말로도 표현하지 않는다. 사는 맛이 무엇이겠는가? 표현할 때 상대방도 배우고 성장하고 행복해지는 것이다. 꼭 필요할 때만 표현한다면 그 사람과 함께 하는 의미가 줄어들 것이다. 표현하는 것에 어색하면 안 된다. 특히, 책을 쓰는 사람이라면 사소한 것도 자신의 언어로 표현하는 것이 자연스러워져야 한다. 판단하고 비판하라는 의미는 아니다. 그저 있는 그대로 읽어 주면 좋다, 싫으면 싫다고 기분 상하지 않게 표현함으로써 소소한 배움과 성장이 함께 일어나는 것이다. 그런 것들을 말이 아닌 글로 쓸 때, 글 쓰는 사람이 되는 것이다. 글쓰기로 표현하는 연습이 되어야 하겠고 그것이 바로 감상 글쓰기 연습이다. 감상 글쓰기로 내 안의 무엇인가를 표현하는 것을 몸에 익혀 갈 수 있을 때, 모든 것이 더 자유로워진다.

자판 필사하면서 독서의 맛도 느낀다

자판 필사하면 목적 외의 것을 얻을 수 있다. 누군가는 처음에 남의 것을 베껴 쓰는 것이 썩 마음에 들지 않았고 특별히 삶에 이로울 것 같지 않았지만, 그냥 기대 없이 했다가 놀라운 발견을 하게 되었다고 말했다. 필사가 즐겁기까지 하다는 사실을 자판 필사를 해보고 깨달은 사람도 있다. 맞다. 필사는 즐겁다. 단순히 베껴 쓰는 것만이 아니라, 남의 글을 베끼면서 남의 글을 읽고 그 글의 내용이 내 마음에 새로운 씨앗을 뿌리는 효과가 있다. 보건교사 공저 쓰는 단톡방에서 이런 깨달음의 이야기를 감상 글로 공유한다. 손 필사가 아닌 자판 필사라서 더욱 의아해했던 처음의 마음과는 다르게 이제는 자판 필사에 대해서 강한 믿음이 생겼다는 보건교사도 있다.

"자판 필사로 아침을 시작한다. 필사함으로써 삶의 원동력을 얻고 옆에 있는 책 한 권을 더 읽는다. 몸을 더 움직이게 된다. 소소한 필사가 생활화되면서 내 삶을 바꾸고 있다."

필사하면서 책 한 권을 더 읽는다는 공저 쓰는 보건교사의 글이다. 맞다. 필사는 책을 베껴 쓰는 것이기에 자연스럽게 독서가 된다. 글쓰기만을 목적으로 필사를 시작했더라도 필사하면서 읽기에 독서는 루틴으로 일어난다. 쓰고 읽고, 이 두 가지가 동시에 가능한 것이 바로 자판 필사이다.

"수홍아, 정아야 자판 필사하자. 3문장도 함께 하자."

매일 나는 아이들에게 자판 필사와 3문장 쓰기를 강조한다. 이 미션을 수행하면 용돈을 주고 있다. 원래 1꼭지, 즉 2장을 써야 하지만, 중학생 아이들에게는 양보해서 A4, 1장 쓰기를 주문했다. 1장에 용돈은 천 원이다. 20장이면 2만 원이다. 한 달에 20일을 자판 필사하면 2만 원의 용돈을 받을 수가 있다. 자판 필사하면서 3문장 쓰기도 강조했다. 아이들은 이 데일리 미션 후 용돈을 받을 수 있는데도 하기 싫어한다. "베껴 쓰는 것이 무슨 도움이 된다고 이것 계속해야 해?" 아들은 할 때마다 구시렁거린다. 그러다가 용돈 받을 때는 "엄마, 내가 열심히 할게"라면서 180도 다른 얼굴을 한다. 딸아이도 역시 하기 싫어하는 것은 마찬가지이다. 그래서 딸아이가 갖고 싶어 했던 나이키 신발을, 거금을 주고 사주면서 나는 약속을 한 가지 해달라고 했다. " 정아야, 엄마가 강조하는 것 뭔지 알지? 자판 필사와 감상 글쓰기야. 나이키 신발 사주는 대신에 너는 그것 열심히 하겠다고 엄마랑 약속해야 한다. 엄만, 다른 것 강조하지 않아. 이 2가지는 꼭 너희들이 어른이 되어서도 하면 좋겠어. 그 이유는 수도 없이 말했지?" 딸아이는 약속했다. "알았어. 엄마!" 간단명료하게 약속했지만, 두고 봐야 한다는 생각이었다. 그래도 아이들은 꾸준히 자판 필사와 3문장 쓰기를 하고 있다. 잘하지는 못하더라도 엄마가 가족 단톡방에 "필사와 감상 글 올리자."라는 메시지를 올리면 그제야 한다. 그것만이라도 어디인가? 최대한 자판 필사와 감상 글쓰기의 환경에 아이들을 노출해야 한다는 생각이다. 그렇게 하다가 본인들이 그래도 할 필요가 없다고 판단하고 고집을 끝까지 부린다면 어쩔 수가 없다. 그때는 본인들의 운이 되는 것이다.

　자판 필사와 감상 글쓰기를 어린아이들에게까지 강조하는 이유는 자판 필사가 바로 독서 습관을 형성하기 때문이다. 아이들은 책 읽기를 싫어한다. 책 대신 재미있는 것들이 주변에 너무 많다. 글자를 따라서 읽는 것이 쉬운 일이 아니다. 그냥 가만히 쳐다보기만 해도 즐겁게 해주는 영상들이 주변에 깔려있는데, 굳이 어렵게 글자를 읽으려 하겠는가? 말이다. 아이들 입장이 되어서 생각하면 답은 뻔히 나온다. 우리 세대만 해도 책과 가까이하는 삶을 그래도 맘만 먹으면 할 수 있었다. 영상매체가 그렇게 발달했다고 볼 수 없는 시대적 상황이었기 때문이다. 하지만 요즘 아이들은 아니다. 책을 읽지 않고도 필요한 정보나 자료는 쉽게 얻을 수 있다. 그래서 책의 가치를 등한시한다. 그렇게 중요하지 않은 영역이 바로 책 읽기라고 생각한다. 이것이 잘못된 생각이다. 영상을 보더라도 글이 기본적으로 나와 있다. 그 글을 읽어야 하고 읽을 줄 알아야 제대로 정보도 받아들일 수 있는 것이다. 한마디로 읽는 것이 가장 기본이다. 읽는 것을 즐겨야 남들이 보지 못하는 것을 읽고 알아채는 습관이 몸에 밴다. 정보가 곧 부와 명예인 시대에 읽는 것을 잘하지 못하고 읽는 것을 싫어하는 아이들이 살아남고 원하는 삶을 살아가는 데는 취약할 수밖에 없는 것이다. 그래서 책 읽기의 한 방편으로 나는 자판 필사를 강조하고 있다. 하루는 자판 필사를 하던 아들이 이런 말을 했다. " 엄마, 자판 필사하니까 책이 재미있어. 사람들이 이래서 책을 읽으라고 강조하는구나 싶었어." 듣던 중 가장 듣기 좋은 말이다. 드디어 아들이 책 읽기의 가치를 깨달은 건가? 하는 생각이 들었다. 그러다가 또다시 게임을 하기를 더 좋아하는 원래 아들의 모습으로 돌아갔지만, 그래도 자판 필사로 인해서 스스로 책 읽기의 가치를 한번 느껴봤다는 것이 삶을 바꿀 큰 씨앗이 될 것으로 믿는다.

나는 자판 필사로 《논어》 책을 읽었다. 논어, 우리가 한 번씩은 다 듣고 누구나 알고 있는 책이지만 막상 읽으려고 하면 부담스러운 책이었다. 그래서 실제 읽지는 못했었다. 그러다가 학교에서 "전학공"을 할 기회가 생겨서 《논어》 필사를 시작하게 되었다. "전학공"은 "전문적 학습공동체"를 줄여서 "전학공"이라고 말한다. "전학공"은 3명 이상의 교사가 모이면 성립이 되는데, 어떤 주제로도 가능했다. 조금의 지원금도 교사 1인당 얼마씩 지원이 되었다. 나는 비교과끼리 모였다. 사서교사, 영양교사, 해서 3명이 "전학공"을 했는데, 주제를 고민하다가 《논어》 책 필사를 하면 어떻겠냐고 제안했을 때, 좋다고 해서 《논어》 자판 필사를 하게 되었다. 사실, "전학공" 말이 거창하지, 크게 부담 없이 평상시 바빠서 보지 못했던 비교과끼리 사는 이야기를 나누면서 서로 도움이 될 수 있는 일들은 돕는 시간으로 활용하게 되었다. 그래도 나는 필사를 꾸준히 했다. 그래서 다양한 《논어》 한 권을 자판 필사로 숙달하게 되었다. 자판 필사로 《논어》을 읽으니, 여러모로 좋았다. 고전 책이 고전 책처럼 느껴지지 않을 정도로 필사하는 그 내용이 내면 깊숙이 박히는 듯해서 '이것이 뭐지? 정말 신기하네! 그동안 왜 내가 《논어》를 읽지 않았을까? 이렇게 쉽게 읽을 수 있는데!'란 기분이 들었다.

자판 필사를 하면 아무리 두껍고 어려운 책이라도 문제 되지 않는다. 우린 두꺼운 책을 '벽돌 책'이란 말로 그 부담감을 암시한다. 두꺼워서 쉽사리 읽기 시작하지 못하던 책도 자판 필사로 가볍게 시작할 수가 있다. 고전 책 또한 평상시 읽기 꺼리는 책인데, 고전 책 읽기도 문제가 안 된다. 역시, 방법이 중요하다. 책 읽기도 책마다 저마다 적합한 방법을 선택해서 읽는다면 독서의 맛을 더욱 깊게 느껴 삶을 변화시키는 실마리가 될 수 있다. 자판 필사가 독서법으로 좋은 이유는 책을 눈으로만 보는 것이 아니라 손가락 촉각으로도 인지하기 때문이라고 여겨진다. 우리가 어릴 때 공부할 때, 깜지라는 것을 썼다. 눈은 허공을 보고 있지만, 손으로 공부할 내용을 글로 적으면서 머리로 이해하고 입력했다. 그 방법도 촉각을 이용하는 방식이다. 시각과 촉각을 동시에 이용해서 공부하니, 뇌는 최소 2가지 영역이 활성화가 된다고 볼 수가 있다. 뇌가 많이 자극되는 것이니, 두뇌에 더 잘 입력되는 것은 당연하다. 만약, 입으로도 중얼거리면서 하면 뇌는 더욱 자극되어, 더 효과적인 공부가 될 것이다. 자판 필사 독서법도 마찬가지이다. 눈과 손으로 읽으니, 어렵다던 벽돌 책, 고전 책도 그렇게 어렵게 느껴지지 않고 오히려 평상시 느끼지 못한 놀라운 내용을 접하고 재미를 느끼게 되는 것이다.

자판 필사는 특별한 독서법이라고 해도 과언이 아니다. 자판 필사하면서 책 읽는 습관을 기를 수도 있다. 자판 필사는 글을 쓰기 위한 목적만이 아니라 부수적인 효과들이 많이 일어나는데 기본적으로는 독서 습관을 형성하는데도 탁월한 방법이라고 강조하고 싶다. 어려운 책도 자판 필사로 읽으면 어렵지 않게 된다. 왜냐하면, 아무리 어려운 것도 나의 속도에 맞춰서 천천히 하면 무엇이든지 할 수 있는 원리가 자판 필사에서도 적용되기 때문이다. 자판 필사는 천천히 읽는다. 한 자 한 자 자판으로 두드리면서 읽기 때문에 어려운 책이라도 이해할 시간을 번다. 시간이 생기니,

어려운 것도 다양한 방법으로 이해할 여유가 생기는 것이다. 그래서 어려운 책도 쉬워진다. 독서 습관 형성을 해마다 한해 버킷리스트로 정하는 사람이 많다. 하지만, 대부분 실패하는데, 나는 자판 필사를 독서 습관 형성의 비법으로 제안한다. 크게 목표를 세우지 말고, 하루 1꼭지씩, 자판 필사해 나가는 것이다. 하루에 한 번씩 책을 펼치고 깊이 읽을 수 있는 자판 필사로 책을 읽는데, 독서의 재미를 느끼지 않을 수가 없다. 재미를 느낀 책은 그다음 날도 또 읽고 싶어진다. 여전히 자판 필사로 다음 꼭지를 쳐나가면서 책의 재미에 더욱 빠져든다. 그런 과정이 일어나는 것이 바로 자판 필사하는 과정이다. 한마디로 책 쓰기와 책 읽기, 두 마리 토끼를 동시에 잡는 비법이 바로 자판 필사라고 할 수 있다. 나이가 어릴수록 자판 필사를 권하는 이유가 여기에 있다. 자판 필사하면서 독서의 맛을 제대로 느껴보시길 바란다.

책 쓰면, 글쓰기가 말처럼 편해진다

금일 아침, 드디어 보건교사 공저팀을 줌에서 만났다. 2주 넘게 자판 필사와 감상 글쓰기를 했고 그 이후 처음으로 얼굴을 봤다. 세상 참 좋아졌다. 직접 만나지 않아도 온라인에서 얼마든지 얼굴을 보고 이야기를 나눌 수가 있다. 영상의 만남이지만 실시간이라서 거의 직접 만난 것과 흡사하다. 이번 공저 쓰기에 5명의 보건교사가 희망했는데, 대부분, 40세 전인 젊은 보건교사이다. 굉장히 젊게 보았는데, 알고 보니, 50대 교사가 1명 있었다. 큰아들은 군대에 있다고 했고 아이는 총 3명, 올해는 고3 학부모라고 한다. 줌 모임에 조금 늦게 들어왔지만, 그래도 얼굴 보고 이야기 나눌 수 있어서 다행이었다. 오늘 모임에서 목차 만들기 위해서 해야 할 과제와 초고를 쓰는 것에 대해서 전반적인 계획에 관해 이야기했다. 그리고 서로에 대한 소개도 나누었다. 인천이 2명, 목표 1명, 전북 부안 1명, 경북 경산 1명이다. 온라인이 좋은 점이 전국에서 희망하는 사람이 모일 수 있다는 것이다. 책 쓰기도 온라인으로 가능하니, '얼마나 다행인가?' 하는 생각이다. 소개에 이어서 필사를 그동안 2주 이상 해왔는데, 필사하면서 드는 생각이나 느낌, 앞으로 활용 여부, 기타 자유롭게 필사에 대한 경험을 나누는 시간을 가졌다. 공통으로 필사를 통해서 긴 글을 어떻게 쓰는지 배우는 시간이라는 점을 이야기했다. 말하듯이 길게 쓰는 것이 아니라 글을 쓸 때는 짧은 문장으로 써야 한다는 것을 느꼈다고 한다. 짧게 써야 길게도 쓸 수 있다는 사실을 알게 되었다고 했다. 이 대목에서 나는 역시 '보건교사들이 센스가 빠르구나!'라고 생각했다. 스스로 깨우치는 능력이 좋다. 필사만 했을 뿐인데, 부수적으로 얻는 것이 많다. 남의 글을 베껴 쓰더라도 내 글을 어떻게 쓰면 되는지 구체적인 사실들을 깨우친다. 필사하는 사람마다 느끼는 것은 제각각이지만, 그래도 내가 얻고자 하는 그 이상의 것들을 추가로 얻는다. 그래서 필사의 가치를 높게 본다. 필사의 가장 기본적인 효과는 아마도 쓰는 것이기에 글 쓰는 능력이 좋아질 것이고 또한, 말하는 것에도 긍정적인 변화들이 일어날 것이다.

독서 모임에 오랫동안 알고 있는 강사 1명이 있다. 내가 공저 쓰기를 처음으로 주관 할 때, 그 강사도 동참했었다. 그 책은 《내가 책을 가까이하는 이유는》이란 제목으로 출간이 되었다. 그 당시, 독서 모임에서 책을 써봤던 사람은 단, 한 명도 없었다. 그래서 공저 쓰기를 한번 해보자고 나는 제안했었다. 그래서 모인 사람이 10명 정도였다. 대부분 오랫동안 책을 읽어 왔던 사람들이다. 어떤 사람은 20년 이상 책을 읽었다. 그래도 그동안 책을 써야겠다고는 한 번도 생각해 보지 않았다고 한다. 사람은 정말 하던 대로만 하고 사는 경향이 있다. 책 읽기는 꾸준히 해왔지만, 책 쓰기는 나의 영역이 아니라고 무의식적으로 생각하면서 살았던 것 이다. 책을 많이 읽었다고 책을 쓸 수 있는 것은 아니지만, 그래도 책을 읽는 사람은 성장에 대한 욕구가 강한 사람이기에 책 쓰기를 도전하더라도 끈기 있게 할 것이란 생각이었다. 그래서 나는 공저 쓰기를 제안하게 된 것이다. 내가 아는 강사도 함께 쓰게 되었다. 강의를 다양한 주제로 워낙 잘하기 때문에 나는 공저 쓰기는 문제없다고 생각했다. 하지만, 이 강사를 통해서 나는 알게 되었다. 말하는 것은 글쓰기에 영향력이 크지 않다는 것을. 말을 잘한다고 글쓰기도 편하게 쓰는 것은 아닐 수 있다는 사실을 깨닫게 되었다. 이 강사는 1꼭지 쓰기를 강의하듯이 그렇게 하지 못하고 어려움을 토로했었다. 처음이니 당연한 일이지만, 그래도 쉽지 않다고 말했었다. 강사들이 강의는 잘하지만, 책 쓰기는 자꾸 뒤로 미루는 이유를 알 것 같았다.

말하기는 아무래도 글쓰기보다는 더 익숙하기에 누구나 글쓰기와 비교해서 상대적으로 편하게 생각한다. 말을 특별히 잘하는 사람이 있다. 누구나 말하고는 살지만, 특별히 타인으로서 이해하기 쉽도록 말하는 것이다. 그런 사람일 경우에는 글조차, 그렇게 쓴다고 생각했는데, 생각 외로 아니었다. 그 이유를 생각해봤을 때, 말하는 것은 조금 논리에 어긋나더라도 상대방은 듣고 흘려버린다. 그래서 완벽히 서론-본론-결론의 맥을 이어서 말하지 않아도 목소리 좋고, 다른 신체 언어적 액션이 있다면 충분히 보완된다. 하지만 글은 다르다. 그야말로 서론-본론-결론의 흐름이 어느 정도 정확해야지 잘 쓴다고 느낀다. 그리고 글은 여러 번 확인이 가능하기에 여지없이 논리에 벗어나면 잘 쓴 글이라기보다는 평범한 글이라고 느끼게 되는 것이다. 그래도 크게 옆길로 빠지지만 않으면 된다. 그런데 말하듯이 그렇게 쓰면 가끔 옆길로도 빠지고 논리에도 맞지 않은 글이 될 수가 있는 것이다. 그래서 말하기보다는 글쓰기가 더 고차원적인 수준이라고 말하고 싶다. 글쓰기를 꾸준히 하게 되면 논리적인 말하기에는 직접적으로 긍정적인 영향을 줄 수도 있다. 하지만, 말하기를 통해서 글쓰기에 긍정적인 영향을 준다는 것은 맞지 않다고 볼 수 있겠다.

글쓰기가 성장하기 위해서는 글을 많이 써보는 것이 가장 효과적이다. 이제는 많은 사람이 글쓰기의 가치를 피부로 느끼고 있다. 어느 곳에서나 글쓰기를 기본적으로 하면서 살아야 한다. 짧은 글은 누구나 쓰고 살지만, 긴 글도 수시로 써야 하는 시대이다. 보건교사란 직업도 마찬가지이다. 오히려 다른 직업군보다 글을 더 써야 하는 상황들이 많다. 그래서 보건교사라면 말하기는 물론이거니와 글쓰기를 만만하고 편안하게 쓰는 수준이 되는 것이 필요하겠다. 그래야 글 써야 하는 상황에서 글쓰기로 인한 스트레스가 줄어든다. 오히려 즐기는 수준이 된다면 보건 업무가 반 이상은 쉬워질 것이라고 나는 장담한다. 부장에게 공문 결재를 해달라고 부탁하는 메시지 글 쓰는 것조차, 여러 문장을 써놓고 고민하는 보건교사가 없으리라는 법이 없다. 어떻게 써야 조금은 덜 딱딱하면서 오해 없이 소통될 것인지 생각하고 또 생각한다. 그러다 보면, 시간이 지나고 생각의 깊이는 깊어져서 에너지 소모가 발생한다. 보건 업무의 역량을 마음껏 발휘하는 것은 글쓰기 역량이지 않을까 싶다. 글로 소통하는데, 글쓰기가 어렵고 애써 쓴 글로 인해 오해가 생기면 문제가 생길 수도 있다. 사람 관계의 소통 수단이 글인데, 글을 쓸 때마다 문제가 생긴다면 보건 일을 제대로 할 수 있을 것이란 장담이 없다. 일은 좀 서툴더라도 글로 소통이 잘 된다면 부족한 부분이 보완된다.

책 쓰기를 통해서 부족한 글쓰기의 역량을 키워나갈 수 있다. 우리가 글쓰기를 잘하겠다는 목표를 위해 글만 무작정 써서는 효과를 장담할 수가 없다. SNS에 글을 쓰는 사람 중에 글을 아주 잘 쓰는 사람들이 많다. 하지만, 분량이 많아지면 헤매는 경향을 볼 수가 있다. 인스타그램은 1문단 정도 글의 길이인데, 이 글의 길이에서는 인스타그램에 올리는 글을 쓰듯이 잘 쓸 수 있다. 하지만, A4 1장의 글 분량을 써야 하는 상황에서는 약하다. 블로그는 인스타그램 글 분량보다 길이가 길지만, A4 2장 써야 하는 상황에서는 또 자신 없어 한다. 책 쓰기를 위한 1꼭지 글쓰기는 A4 2장을 넘기는 글 분량을 쓴다. 문단으로는 최소 7문단을 들어간다. 인스타그램의 글이라고 치면 7개의 글을 인스타그램에 올릴 수가 있다. 블로그의 글이라면 2~3개 정도의 블로그 글을 올릴 수가 있다. 1꼭지 글을 쓸 수 있는 사람은 1문단의 글에서 2~3문단의 글 길이를

다 써낼 수가 있다. 한마디로 어떤 상황에서든 다 쓸 능력이 된다는 것이다. 이런 능력을 키우는 것이 책 쓰기를 위한 꼭지 글쓰기이다. 꼭지 글을 쓰면은 매일 A4 2장의 글을 쓰기 때문에 자연스럽게 이것보다 짧은 글의 길이도 수월하게 쓰게 된다. 그리고 글쓰기는 말하기에 직접적인 영향을 미친다고 했다. 말하기가 글쓰기에 영향을 미치는 부분은 적지만 글쓰기 능력이 말하는 능력에 영향력이 크다. 그래서 말을 잘하는 사람이 글을 잘 쓴다는 보장은 없지만, 글을 잘 쓰는 사람은 말하는 것도 잘한다는 논리가 어느 정도 맞기 때문에 우리가 글이나 말을 잘하고 싶으면 책 쓰기에 도전하면 되는 것이다.

책 쓰면, 글쓰기가 말하듯이 편안해진다. 글쓰기를 편하게 쓰는 사람은 흔치 않다. 대부분 글쓰기를 일상처럼 해 오지 않았기 때문이다. 그동안 그렇게 살아도 크게 무리가 없는 시대였다. 하지만, 점점, 온라인 세계의 비중이 커지면서 글쓰기를 외면할 수가 없어졌다. 직장인이라면 더욱 글쓰기 능력이 필요하고, 특히, 보건교사라면 보건 업무를 하기 위해서 글쓰기 능력이 필수로 요구되는 시대에 살고 있다. 다행히 글쓰기는 타고나서 만만하게 쓰는 것이 아니라 연습하고 숙달해서 실력이 점점 향상되는 하나의 기능이다. 글쓰기가 그렇다는 사실을 먼저 받아들이고 글쓰기 연습을 지금부터 서서히 시작해야겠다. 어떤 기능이든지 숙달하는 적합한 방법이 있는데, 글쓰기 능력을 키우기 위해서 1꼭지 긴 글을 필사하고 직접 자신의 글을 써나가는 책 쓰기가 비법이라고 말할 수 있겠다. 한마디로 책 쓰기를 글쓰기의 능력을 키우는 수단으로 삼는 것이다. 책 쓰기를 도전함으로써 글쓰기는 하나의 말하는 듯한 수준으로 변화된다. 우리가 말할 때, 말을 잘 못 한다고 일상에서 말하기를 주저하지 않는다. 잘하든 못하든 의사소통이 되고 진심이 통하면 된다는 생각이다. 그것처럼 글도 그런 마음으로 쓰면 되는 것이다. 왜 글은 항상 잘 써야 한다고 생각하는지 알 수가 없다. 글을 쓰면 잘 못 써서 쓰고 싶지 않다고 생각하고 글을 쓰는 대신에 차라리, 전화한다. 그럴 필요가 없다. 진심만 통하면 된다고 했다. 말하듯이 그렇게 글도 편안하게 쓰면서 또 하나의 소통 수단을 갖추게 된다. 2가지의 소통 수단을 갖는 것은 2가지 무기를 장착하고 전쟁터에 나가는 것과 같다고 본다. 스스로 든든하고 여유로워진다. 말로 소통이 안 될 것 같으면 글로 소통한다. 그런 마음으로 보건 업무도 원활하게 할 것이고 학교에서 만나는 사람 관계도 오해 없이 술술 풀려갈 것이라 믿는다.

5장

글쓰기가 편해지면 보건교사는 행복하다

어떤 직업군보다 보건교사에게
글쓰기 역량이 필요하다

안녕하세요?

담임선생님께 협조 부탁드립니다.

최근 서울지역 학원가 일대에서 학생을 대상으로 시음 행사를 가장하여 마약이 든 음료를 마시게 한 사건이 발생하였습니다. 아래 가정통신문 참고하셔서 학생들이 특별히 조심할 수 있도록 지도 부탁드립니다.

*가정통신문으로도 내용이 나가나 잘 안 읽는 학생들이 종종 있으니 지도 해주세요.

오늘도 고생 많으셨습니다.

요즘 마약 관련 공문이 자주 내려온다. 얼마 전에는 서울의 한 학원가에서 마약이 든 음료를 나누어주어 학생들이 그것을 받아 마신 사건이 발생했다. 공부하는 학원가 근처에서 나누어주는 음료를 믿고 학생들은 먹었을 것이다. 그런데, 그것이 다른 것도 아니고 마약이 들어있었다고 하니, 학부모의 가슴은 철렁 내려앉았을 것이다. 그래서 크게 논쟁거리가 되어 교육청에서도 공문이 내려왔다. 우리나라가 마약 청정구역이었는데, 이제는 아니다. 나라에서도 한국 마약 퇴치운동본부, 경기마약퇴치운동본부, 기타 기관에 거대예산을 책정해 한국 청소년 및 기타 대상을 통해서 마약 교육 및 사업을 하도록 지원하고 있다고 한다. 마약에 대해서 아이들에게도 수시로 교육해야겠다는 생각이 든다. 남이 주는 음식은 절대 받아서 먹지 말라는 것, 반드시 지도해야 한다. 내 아이, 남의 아이 상관없이 이런 사소한 것에서부터 지도가 필요하다. 더군다나. 보건교사라면 학교의 건강을 위해서 항상 예방 교육은 물론, 건강정보를 전달할 수 있어야겠다. 언제 어느 때든 건강에 악영향을 미치는 상황들은 발생할 수 있다. 항상, 보건교사가 먼저 모니터링해서 건강을 해치는 상황들에 대해서 정보를 알려주는 건강 메신저의 역할이 가장 기본적인 역할이 되고 있다. 알려주는 것은 간단히 메시지 글로 보내주면 된다. 가정통신문을 함께 보낼 수도 있지만, 간단히 메시지 글로 알려주어도 진지하게 받아들이고 건강관리에 주의할 것이다.

"보건 선생님의 메시지가 교무부장님의 메시지보다 많아요. 공문은 또 얼마나 많은지, 공문이 많으니까 메시지도 많겠지요?"

코로나 시국에서는 정말, 하루에 3~4번의 메시지 글을 써서 보냈다. 이것에 대해서 불평불만을 이야기할 수 있는 상황이 아니다. 보통, 전체메시지를 보낼 때 일반교사들이 제일 앞에 쓰는 문구가 있다. "전체메시지 죄송합니다."이다. 메시지를 많이 받았던 자신의 기억을 되새기면서 그런 문구를 쓰는 듯하다. 나는 처음에 이 문구가 낯설었다. '업무상 필요하니까 전체메시지를 보내는 것인데, 그 일이 죄송할 일인가?'라고 생각했다. 혼자 근무를 서기에 단순하게 일 중심으로 생각했었던 것 같다. 그런데, 여럿이 함께 생활하는 교무실의 선생님일 경우에는 일 중심으로만 살 수 없는 곳이다. 그래도 사람의 정을 중시하고 정서적인 교감이 더 밀접하게 이루어지고 있기에 조금의 피해라도 되도록 지양하려고 한다. 그런 심리가 보건교사의 심리보다는 더 강해서 '전체메시지 죄송합니다.'라는 문구를 제일 앞에 적는 것이 아닐까? 생각해봤다. 그런 메시지를 볼 때, '괜찮아요. 메시지 보내시는 선생님이 더 많이 고생하고 계시는데요. 염려하지 마세요.'라고 나는 마음속으로 생각했다. 또 한편으로는 이런 표현이 어쩌면 일을 더 거부감없이 술술 해 나가게 하는 기름칠이 되지 않을까도 생각해봤다. 짧은 한 문장이지만, 상대방을 먼저 생각하고 배려하는 느낌이 전달되는 문장이다. 그렇기에 글을 받는 견해에선 자신도 모르게 너그러운 마음이 먼저 생긴다. 그래서 '괜찮다.' 이런 마음이 생기게 한 후에 협조 메시지가 전달되기 때문에 일하면서도 훈훈한 분위기에서 기분 상하지 않게 되는 것 같다. 이런 글과 말이 직장에서는 매우 필요하다고 볼 수 있겠다.

공문을 어떤 누구보다 많이 받는 사람이 바로 보건교사이다. 공문의 수로 따지면 보건실에 배정되는 공문이 한 부서 전체에 배정되는 공문 양과 비슷할 때도 있다. 보건교사는 혼자서 그 많은 공문을 처리하고 공문의 수만큼 많은 일을 해낸다. 부서 이동 없이 해마다 같은 일을 한다고 해서 그 업무에 대한 부담감이 없어지는 것은 아니다. 오히려 더 잘 알기 때문에 두려운 마음이 생기기도 한다. 3월이면 제일 먼저 해야 할 일이 요보호자 파악이다. 나는 학기 전부터 기초건강조사 설문지를 수정 보완해서 전교생 분량대로 인쇄를 맡겨서 인쇄 후 각 학년 반별 함에 넣어둔다. 3월 첫

날에 아이들은 이 기초건강조사 설문지를 받게 된다. 그러면 3~4일 정도 기간을 두고 부모님과 함께 작성해서 담임교사에게 제출하게 한다. 그리고 담임교사는 반 아이들의 설문조사 지를 거두어서 보건실로 제출하게 한다. 한번은 구글 온라인으로 건강 설문조사를 한 적이 있었다. 해보니, 한 가지 단점을 발견하게 되었다. 설문조사를 하지 않는 아이들이 꽤 많이 발생했다는 사실이다. 유인물로 하면 제출하지 않는 아이들은 거의 없다. 육안으로 미제출 학생이 금방 확인이 되니, 제출 않을 수가 없다. 시간이 걸리더라도 전원 제출이 된다. 그래서 건강상의 문제 가 있는 아이들을 놓치지 않게 된다. 그런데 온라인은 건강관리가 필요한 아이들을 빠트릴 수 있어서 아날로그식, 즉, 수기로 유인물로 건강 조사하는 것이 더 낫겠다고 생각했다. 그래서 온라인 조사 대신에 올해는 다시 원래대로 유인물을 배부해서 건강 기초 조사를 할 예정이다. 전교생 건강 기초 조사는 생각보다 시간이 오래 걸린다. 조사지가 수거된 후에는 본격적인 건강 상담을 시행해야 하고, 그리고 요보호자 명단을 선정해서 전 교직원에게 연수를 시행해야 한다. 코로나로 인해서 연수는 약식으로 바뀐 상태이지만, 특별한 아이에 관해서는 별도로 다시 메시지 글을 보내거나, 대면으로 교직원 연수할 때, 따로 연수를 한 번 더 실시한다. 이런 일은 해마다 하는 일이지만 할 때마다 에너지 소모가 많다. 이것뿐 아니라 할 때마다 마음의 준비를 단단히 해야 하는 일들이 많다. 할 일을 잘 알더라도 그 부담감이 없어지는 것은 아니라는 것을 매번 느낀다. 그리고 글쓰기 능력이 필요하다고 생각하게 된다. 맞다. 보건교사 혼자서 그 많은 공문과 일들을 처리하려면 글로 소통해야 하고 글쓰기가 수월할수록 업무 관련 에너지 소모를 줄이게 된다. 그래서 글 쓰는 능력이 매우 필요하게 된다.

보건교사의 글쓰기 실력을 키우기 위해서는 최고의 방법 한 가지가 있다. 다름 아닌, 자판 필사이다. 자판 필사는 생각 외로 효과가 크다는 것을 한두 번 해봐도 스스로 느낀다. 나는 현재, 1급 보건교사 자격연수에서 인문학이란 주제로 강의를 한 이후 몇 명 보건교사와 함께 공저 쓰기를 진행하고 있는데, 현재 여러 명의 보건교사는 공저 쓰기 전, 자판 필사와 인스타그램 감상 글쓰기를 해오고 있다. 시간은 흘러 어느덧 한 달이 지났다. 한 달 동안 자판 필사를 하면서 자판 필사의 가치를 알고 책 쓰기와 상관없이 앞으로도 계속 쭉 자판 필사하고 싶다고 표현한 보건교사가 반 이상이 된다. " 선생님, 자판 필사를 하면서 저는 나 자신을 되돌아보는 시간을 가지게 되었어요. 그저 눈으로만 보고 책을 읽어 왔는데,

자판으로 치면서 읽으니, 책의 내용이 더욱 깊이 마음속으로 들어오는 것 같았어요. 그러면서 더 깊이 생각하게 되고, 어찌하였든 눈으로만 보는 독서와는 달라요.", "자판 필사를 통해서 글쓰기가 좀 편해진 것 같아요. 나도 글을 써보고 싶다는 생각이 들어요."라고 다양한 이야기를 했다. 아마도 나머지 사람들도 충분히 자신에게 필요한 부분을 채워주는 효과를 느꼈을 것으로 생각해본다.

자판 필사는 가장 쉽게 글쓰기를 익히는 방법이다. 필사에 대한 가치를 강조하는 사회적 분위기는 이미 오래전부터 이어져 왔다. 하지만, 필사하는 사람은 많지 않다. 필사하면 손 필사이기 때문에 손으로 필사하는 자체가 어렵게 느껴져서 필사하지 않는 것으로 판단한다. "왜 손으로만 필사해야 하느냐?"고 반문하는 사람은 거의 없다. 고정관념에 얼마나 철저하게 묶여서 우리는 살아가는지 알 수 있는 부분이다. 손으로 하든, 자판으로 하든, 필사를 우리가 하면 되는 것인데, 발상의 전환이 쉽지 않았다. 이제는 알게 될 것이다. 자판으로 두드리기만 해도 필사의 효과는 비슷하게 일어난다는 것을. 글쓰기 능력을 키우기 위해서는 오히려 자판 필사가 더 효과적이다. 자판 필사는 글을 많이 쓸 수 있기에 양이 질로 변화되는 것이다. 자판 필사는 쉽게 할 수 있고 보건교사들은 학교에서도 자투리 시간을 활용해서 충분히 할 수가 있다. 점심시간도 있다. 점심시간을 활용해서 10분, 20분 동안 해도 좋다. 중간에 학생들이 보건실을 방문하더라도 잠시 멈추었다가 다시 이어서 필사해도 된다. 왜냐하면 필사는 머리를 써서 하는 일이 아니기 때문에 단순히 손을 움직여 쉽게 해도 된다. 들인 에너지에 비해서 결과는 월등한 효과를 발휘한다. 즉, 가성비 최고의 활동이 바로 자판 필사이다.

보건교사에게 글쓰기 역량이 가장 필요하다고 강조한다. 왜냐하면 요즘 시대에 보건 업무 중에 핵심 영역이 바로 감염병 관리 대응이라고 말할 수 있기 때문이다. 세계는 더욱 가까워져서 언제 어느 때, 코로나19 같은 대형 감염병이 닥쳐올 수 있다. 항상 유심히 관찰해야 한다. 정부와 교육청 차원에서, 보건교사 개인 차원에서 감염병 발생 여부를 잘 관찰해야 하는 시대적 환경이다. 그런 상황에서 신종 감염병 도래의 관찰과 함께해야 할 일이 바로 글쓰기 역량을 키우는 일이라고 나는 확신한다. 감염병 상황에서는 다들 마스크를 써야 하고 대면 모임을 최대한 자제해야 하기에 학교 내 감염병 확산과 건강을 지키기 위해서는 글쓰기로 소통력을 키워야 한다. 글쓰기 소통법으로 보건 업무를 해내야 하나. 그런데, 글쓰기가 자신 없다면 그것처럼 낭패가 없다. 예방 교육이

나 확진자 발생 시 보건소와 소통도 해야 한다. 학교 내 감염병 확산관리를 위해 말이 아니라 글로 해야 하기에 우린 평상시에 글쓰기 역량을 키워야 한다. 그래야 보건교사 자신도 편안하게 살아가고, 주변 학교 구성원들도 건강을 잘 유지할 수가 있다. 반대로 생각해보자. 만약, 보건교사가 글쓰기 능력을 갖춘 사람이라고 했을 때, 그만큼 소통의 벽은 낮아지고 원활한 협조가 가능하여 학교 내 건강 유지와 증진에 도움이 될 것이다. 보건교사라면 스스로 보건교사가 글쓰기 역량을 키워야 하는 메커니즘을 이해하고 의료인이자 교사로서의 전문적 역량을 키우는 것 이상으로 글쓰기 능력 향상하기 위해 노력해야 할 시대임을 인지하기를 바란다.

전문 역량을 발휘하게 하는 것이 글쓰기 능력이다

보건 업무는 타 부서나 일반교사의 협조를 기본으로 요구하는 업무이다. 아마도 대부분 보건 일이 그렇다. 요보호자 명단을 확정하는 것도 전교생 기초 건강조사 설문지를 통해서 하게 된다. 설문지는 내부 결재를 받고 인쇄를 해서 반별 함에 넣으면 그것을 담임교사가 학생들에게 배부하고 다시 취합해서 보건실로 제출한다. 그러면 그때부터 보건교사는 상담 후 요보호자를 확정한다. 그런데, 담임교사가 정해진 날짜에 취합해서 잘 제출하면 업무가 빨리 진행되지만, 이 과정이 제대로 안 되면 요보호자 확정이 늦추어지게 된다. 그런데, 1학년 같은 경우에는 새로 입학한 학생들이라, 전혀 건강상의 정보가 없다. 학부모가 특별히 전화해서 담임교사나 보건교사에게 알려주지 않는 이상, 그 학생의 건강 상태가 어떠한지 자세히 잘 모른다. 사실, 전화하는 학부모도 거의 없다. 전 학년에서 1~2건 정도인 것 같다. 상담하면서 나는 학생이 기저질환이나 현재 진행형인 질병이 있었다면 부모와 직접 통화를 한다. 이때는 내가 전화를 거는 경우이다. 그래서 담임교사의 발 빠른 협조가 필요하다. 이 과정도 대부분 메신저 글을 통해서 소통한다. 재촉하기도 하고 부드럽게 부탁하기도 하고, 강약을 조절해 가면서 메시지를 보내야 한다. 너무 강압적으로 재촉한다거나 적합하지 않은 단어를 잘못 보내면 명령하는 듯하거나 기타 오해가 생겨 원활한 업무에 지장이 발생한다. 일부러 늦게 제출하는 교사는 없겠지만 만약, 메시지 글에서 기분 상하는 부분이 있다면, 신경을 덜 쓰게 되는 것이다. 사람의 마음이 다 비슷비슷하기에 당연히 그런 일이 발생할 수 있다는 사실을 알게 된다. 그래서 보건교사라면, 메시지 글쓰기가 조심스럽고, 어려운 부분이라고 생각한다. 엄밀히 말해서 그 교사들과의 관계가 어떠하느냐에 따라서도 글 해석이 달라진다. 별것 아닌 내용에서도 오해할 수도 있고, 아주 간단하고 무미건조하게 쓴 메시지 글에도 아무렇지 않게 잘 협조할 수도 있다. 평상시의 동료 교사와의 관계가 메시지 글을 통한 소통에도 영향을 미칠 수 있으니, 참 복잡하다. 그렇다고 너무 신경을 많이 쓰는 것도 글쓰기를 적재적소에 하지 못하는 이유가 되니, 평상시 글쓰기 능력을 키우고 필요하면, 성심성의껏 쓰면 되지 않을까? 생각한다.

"부장님, 결재 부탁드립니다."

"영재 부장님⌒⌒ 결재 부탁드려요~~"

"영재 부장님⌒⌒ 결재 하나 올렸는데, 결재 부탁드려요."

나는 이 3가지 문구를 놓고 고민했다. 내가 근무하는 학교에서 보건교사는 생활 인권부 소속이다. 생활 인권부는 과거의 학생부에 해당한다. 아직도 보건교사는 예체능부에 소속된 학교도 많다. 과거에는 거의 예체능부 소속이었다. 하지만, 지금은 생활 인권부 소속이 꽤 있는 것으로 안다. 내가 생각해도 보건교사는 이제는 생활 인권부 소속이 맞는다고 생각한다. 왜냐하면, 보건교사의 과거 핵심 업무는 응급환자 대응이었지만, 현재 보건교사의 핵심 업무는 감염병 대응이란 생각이 들기 때문이다. 감염병 관리와 대응에 있어서 학생부 교사들의 협조가 매우 필요하다. 코로나19 상황

시 확진자가 발생했을 때, 모든 학생을 귀가시키는 일을 하는 것은 학생부장이고 학생부 교사들이다. 감염병이 더 확산하지 않게 수업 중에도 방송을 통해서 학생들을 학년별로, 반별로 순차적으로 교문 밖으로 나갈 수 있게 진두지휘했다. 그리고, 아침 체온 측정 시 학생과에서 조를 나누어서 체온 측정을 했다. 코로나19 상황 전 교문 지도를 했었는데, 코로나19 당시에도 체온계 하나 잡고 고열 의심 학생들에게 교문 지도 겸 체온을 측정했었다. 감염병 관리 외에 여러 가지 보건 업무가 학생과와 협업으로 진행할 일들이 많아졌다. 그래서 아무래도 보건교사가 학생과 소속으로 점점 변화되고 있다. 나도 예체능부 소속으로 근무를 서기도 했지만, 그래도 학생과 소속으로 근무를 서는 것이 학교 건강관리에 더 유익하다고 생각한다. 한 가지 단점은 학생부장이 굉장히 바쁘다는 것이다. 대외적으로 학교의 궂은일은 학생과에서 주로 처리한다. 물론 다른 부서도 할 일이 많고 바쁘기는 매 마찬가지이지만 말이다. 학생부는 특별히 더 일이 많은 것은 누구나 인정한다. 그래서 교사들의 기피 부서 중의 하나가 학생부라고들 했다. 작년에는 마지막까지 학생부장이 정해지지 않아서 결국, 새로 전입해 온 교사가 학생부장이 되기도 했다. 바쁜, 학생부장, 보건 공문 처리를 해야지 보건교사는 일을 할 수 있다. 그런데, 이것이 제때

안될 경우, 보건교사도 덩달아 일을 못 하게 된다. 물론, 처리가 안되어도 공문은 미리 볼 수가 있다. 그래서 급한 일은 학생부장 결재를 하기 전에도 자료집계 보고 같은 일은 할 수 있어서 먼저 보고한다. 그런데, 정말 필요한 결재가 있을 때는 직접 메시지 글을 보내서 결재를 부탁한다.

"부장님, 결재 부탁드립니다." 이 문구는 너무 딱딱한 느낌이 든다. 사무적인 글이다. 결재 외에는 관심이 없는 듯한 느낌이 드는 형식적인 문구이다. 꼭 그렇게는 생각하지 않을 수도 있겠지만, 3가지 문구를 써놓고 비교를 하니, 그렇다. 직함은 앞에 반드시 적어주는 것이 좋다. 나이와는 상관없다. 나도 이제 보건교사 근무를 선지, 꽤 되었다. 간호장교 9년, 학교 근무 22년 정도 하니, 나이는 교감 선생님과 비슷하다. 언제 이렇게 나이를 먹었나? 싶다. 부장들은 나보다 띠동갑으로 어리다. 어리다는 표현보다는 젊다는 표현이 맞겠다. 최소 10살 정도는 더 젊다. 그래도 직함으로 호명해서 기본적으로 '당신을 인정합니다'라는 느낌을 주어야 한다. 그리고 내가 메시지를 보내는 이유를 적는다. 그것이 2번째 문장으로 적어준다. "영재 부장님^^ 결재 부탁드려요~~" 이것은 이모티콘이 들어갔다. 이모티콘이 들어가면 그래도 글이 부드러워진다. 업무도 사람과의 관계가 기본이니, 이모티콘을 활용해도 된다. 나는 메시지 글을 쓸 때, "^^"눈웃음을 연상하는 이것을 자주 사용한다. 이 이모티콘을 사용하면 그래도 글에 대한 오해를 예방할 수가 있다. 너무 남발해도 안 되겠지만, "~해주세요"라는 문구 뒤에 주로 넣는다. 무엇인가를 하라는 강요의 뉘앙스를 줄여주는 역할을 해준다. 남이 하라고 부탁하거나 강요하는 일은 부담이 되는 것이 사실이다. 그 부담에 관한 미안함을 전달하는 역할을 하기에 나는 이것을 넣는다.

"영재 부장님^^ 결재 하나 올렸는데, 결재 부탁드려요."로 결국 부장에게 메시지 글을 보냈다. 역시 눈웃음 이모티콘을 넣었고, 그리고 사무적인 말투보다는 사적인 말투가 들어간 것으로 보냈다. 사무적인 글은 군더더기 없이 깔끔하게 보내는 글은 되지만, 왠지 정이 없어 보이는 문구가 된다. 이모티콘 넣고, 구어체로 글을 쓰면, 깔끔한 글의 느낌은 덜하지만, 그래도 인간적인 글이 된다. 그래서 나는 후자의 글쓰기를 더 선호한다. 강의할 때도 말은 청산유수처럼 하지만, 왠지 거리감이 느껴지는 강의가 있다. 그것보다, 말은 아주 완벽히 잘하지 않지만, 진심이 느껴지고 왠지 믿음이 가는 강사의 화술이 있기도 하다. 사람의 직감은 생존본능에서 유래한다. 그렇기에 약간은 허술한 듯하지만, 진심과 믿음이 느껴지는 강사의 강의를 더 선호하게 되는 것 같다. 글도 마찬가지이다. 조금 허술한 듯하지만, 진심이 느껴지도록 쓰는 것이 잘 쓰는 글, 소통력이 있는 글이 되는 것이라고 나는 확신한다. 3번째 문구로 부장에게 메시지를 보내고 1분도 안 되어서 "결재했습니다. 수고하세요."라는 답변을 받았다. 그래서 급한 결재는 순차적으로 진행이 되어 결국, 원활히 보건 업무가 마무리되었다.

결국, 글쓰기도 말하기처럼, 보건 업무에 잘 활용하면 업무를 수월하게 한다. 말 한번 잘 못 했다가 오히려 역효과가 나는 경우가 있다. 때론 기다릴 줄도 알아야 하고 때론, 말 한마디를 아껴야 할 때도 있다. 이런 모든 것이 말하는 기술, 함께 일하는 사람 간의 예의이다. 상대방 사람의 성향을 보고 말할 때도 맞춰서 해야 한다. 만약, 천천히 일하는 사람, 생각이 많은 사람이라면, 그 사람에게 생각할 시간을 주어야 한다. 상대방의 행동을 유도하기 위해서는 그 사람에게 맞춰서 말해야 한다. 그런데, 반대로 나 중심으로 이끌고 변화시키려고 하면 잘 안 된다. 결국은 그 사람은 그 사람의 방식대로 일하게 된다. 핵심은 바로 상대방의 수준에 맞춰서 요구해야 하고 말해야 한다는 사실이다. 관리자일 경우, 더욱 이런 능력이 필요한듯하다. 관리자 외에 누군가를 이끌어 가야 할 상황에 있는 모든 사람은 이런 능력을 키워가야 한다. 부모도 마찬가지일 것이다. 아이의 성향에 맞춰서 이끌어 가야 하는 것도 이것과 매 마찬가지이다. 글쓰기도 이런 점에서 말하기와 전혀 다르지 않다. 글을 상황에 맞게 써야 하고, 글 읽을 상대방을 염두에 두고 글을 써야 글로 인해 부작용이 줄어든다. 그러기 위해서는 상황판단도 필요하겠지만 글쓰기 능력도 키워가야 한다. 짧은 문장이더라도 글쓰기 능력이 있는 사람이 쓰는 것과 그렇지 않고 자신의 할 말 만 쓰는 사람은 차이가 있을 수밖에 없다. 오해 없이 자신이 원하 는 업무협조를 이루어 가는 글쓰기 능력자가 되길 응원한다.

글쓰기와 말하기, 2가지 무기가 학교 건강을 지킨다

보건교사 전부가 수업하고 있는 것은 아니다. 초등학교 보건교사는 대부분, 수업하고 있지만, 중고등학교는 일부 학교에서만 수업한다. 내가 있는 고등학교에서도 수업하지 않는다. 중등 보건교사일 경우, 수업하지 않는 경우가 대부분인데, 근무지도 초등으로 이동하지 않기 때문에 거의 수업할 기회가 많지 않다. 수업을 안 한다는 것은 일장일단이 있다. 보건교사는 항상 응급상황을 대비해야 한다. 그러기 위해서는 보건실을 지켜야 하는데, 수업한다고 교실에 가 있으면, 그만큼 응급 대응이 늦어질 수 있다. 응급상황 시에는 일 초, 일 분이 아깝다. 빠른 대응이 곧 생명과도 직접 연결된다. 보건실에 있다가 '응급상황'이라고 전문적 판단이 내려지면 응급 조치 후 바로 병원으로 후송해야 한다. 이런 입장이기에 수업에 대한 부담감이 있는 것이다. 반면에 수업을 하지 않기 때문에 교사로서 수업 스킬이나 말하는 스킬이 그만큼 뒤처질 수가 있다. 물론, 수업도 중요하지만, 그것보다 더 중요한 건강과 생명을 지키는 보건교사의 역할이 학교에서 그 중요도가 더 커지고 있지만, 말하는 기술에 관한 아쉬움은 여전히 가지고 있다. 초등 보건교사일 경우, 수업도 하고 보건 업무도 하고 있는데, 위험부담이 있고 힘든 만큼, 여러 가지 면에서 보건교사에게는 성장의 계기가 된다. 수업 관련 지식은 물론 말하는 기술, 또한 일반 수업 교사와 뒤지지 않으니, 학교에서 하는 교직원 대상 성교육은 물론, 기타 교육에서도 더 전문적인 교육이 가능하리라 판단해 본다. 일반, 중고등학교 교사들은 일단, 교사들 앞에 나서서 말하는 것에 대한 부담감을 가지고 있다. 일반교사들은 밥 먹고 하는 일이 그야말로 말하는 것이다. 그러니, 자연스럽게 말하는 기술은 점점 좋아질 수밖에 없다. 일반교사들의 말 잘하는 것은 당연하다. 그렇기에 보건교사는 자존감이 덜 세워지는 것은 아닌가 싶다. 분명 다른 역할, 다른 존재 이유가 있지만, 당장 눈에 보이는 말솜씨가 그 사람을 달리 보이게 한다. 그래서 말하는 스킬을 키우는데, 보건교사는 나름의 노력을 해야 한다. 그것처럼 글쓰기도 마찬가지이다. 메시지 글도 글이라 글 쓰는 것이 자신감이 없다. 말하기, 글쓰기, 이 2가지에 대한 목표를 세우고 노력한다면 충분히 성장할 수 있다. 이 2가지는 보건교사의 전문적인 역량을 제대로 발휘할 수 있게 견인차 구실을 해줄 것으로 생각해본다.

나는 책 쓰는 보건교사이다. 책 쓰기 초창기에는 책을 쓰면서도 영상을 찍어서 유튜브에도 올렸었다. 그때는 블로그에 글을 한 참 쓸 때였는데, 내가 읽은 책에 관해서 소개하고 오늘 읽은 내용 중에서 가슴에 남는 감동 문구를 글로 써서 공유했었다. 그리고 블로그 글을 바탕으로 영상을 찍어서 올렸다. 내가 쓴 글로 영상을 찍으니, 블로그 글이 하나의 강의안처럼 되고, 그것을 바탕으로 쉽게 영상을 찍을 수 있었다. 영상은 누군가가 요청해서 하는 것이 아니다. 내가 하고 싶어서 하는 것이었다. 블로그 글쓰기도 마찬가지였다. 누군가의 강요는 전혀 없다. 그래서 부담 없이 그야말로 즐기면서 할 수가 있었다. 만약, 누군가 영상을 찍어주면서, "이렇게 저렇게 해주세요."라고 요청했다면 하루, 이틀 만에 포기했을지 모르겠다. 그야말로 자유롭게 내가 쓰고 싶은 대로 블로그 글 쓰고, 찍고 싶은 대로 영상을 찍었다. 이것이 가장 강력한 성장의 수단이 되었다. 점점, 블로그 글은 어떻게 쓰는 것이 이쁜지 깨닿게 되었고, 영상 찍는 것 또한 마찬가지로 점점 업그레이드되었다. 처음에는 그냥 찍다가 목소리가 작은 것 같아서 마이크를 구매했다. 역시, 마이크가 있는 거랑 없는 것은 차이가 컸다. 목소리가 커지니 더욱 선명히 들려서 좋았다. 역시 장비도 중요했다. 교사들이 수업 중에 자신만의 마이크를 가지고 수업하는 이유를 이제야 이해가 되었다. 남 앞에 서서 직접 강의한다는 생각으로 영상을 찍으니, 강의하는 사람의 마음이 자연스럽게 이해가 되었다. 시간이 지날수록 외모에도 신경을 썼다. 찍어 놓은 영상을 보면서 강의하는 사람은 외모와 복장도 중요하겠다는 것을 알게 되었다. 이왕이면 다홍치마라고 단정한 복장과 믿음직스러운 얼굴 모습이 내가 하는 말에 신뢰감과 말의 힘을 증가시키는 는 것 같았다. 부스스한 외모일 경우, 자기관리 못하는 이미지가 생기기 때문에 그 사람이 하는 말에도 믿음성은 떨어진다. 어떤 분야를 배우고 싶으면 잘하든 못하든 상관하지 말고 그 분야의 일을 직접 행동으로 해봐야 한다는 것을 다시 한번 느꼈다.

말하기에 있어서 스스로 성장하는 비법 중의 하나가 바로 강의 영상을 찍는 것이다. 매일 한 영상씩 찍는다면 비약적으로 말하는 실력이 좋아진다. 수업하지 않는 보건교사라면 남 앞에 나서서 말하는 것에 대한 핸디캡을 가지고 있는 경우가 많다. 수업하는 보건교사는 남 앞에 나서서 말하는 부담이 줄어든다. 이것은 확실한 것이다. 수업하지 않는 중등 보건교사일 경우, 발표에 대한 어려움을 쉽게 해결하는 방법으로 자신이 강의하는 영상을 집에서 혼자 찍어보길 권하고 싶다. 별 효과 없는 것처럼 보일지 모르겠지만, 실제 대중 앞에서 이야기한다고 생각하고 계속 영상을 찍어 올리다 보면, 이것처럼 효과 있는 것도 없을 것이란 생각이다. 또, 말하는 스킬을 키우는 한 가지 방법은 수업을 직접 해보는 것이다. 정규 교육과정이 아니더라도 시험이 끝나고 여유로운 시간대에 교실에 들어가서 아이들을 상대로 보건교육을 직접 해보는 것이다. 학생을 위해서 그리고 나 자신의 말하기 스킬 성장을 위해서 직접 강의해 본다면 일거양득의 효과가 있을 것이다.

그리고 보건교사에게 필요한 것이 글쓰기 능력인데, 책 쓰기 도전을 한다면, 편하게 긴 글도 써내는 성장을 맛볼 수 있다. 여러 번 강조했지만, 책 쓰기를 도전해 봐야지 제대로 글쓰기가 성장한다. 무작정 글만 쓰면 성장의 속도가 느리다. 글보다는 출간이란 목표를 가지고 쓰다 보면, 점점 재미를 느끼게 되고 결국, 글쓰기는 이제, 크게 문제가 아니라는 마음이 자연스럽게 생겨날 것이다. 오히려 어떤 상황에서는 글로 써서 자신의 마음을 전달하고 업무의 효율을 높일 수가 있다. 이제는 보건교사도 글쓰기를 하지 않는다면, 그만큼 살아남기가 쉽지 않을 수도 있다. 보건 업무 중, 많은 일이 글쓰기와 관련이 있다. 계획 세우는 것부터 어쩌면 글쓰기에 해당한다. 작년의 계획을 그대로 수정해서 사용할 수도 있지만, 그래도 근본적인 수정이 필요하다면 글쓰기의 능력이 빛을 발휘한다. 연초에 세우는 계획은 한둘이 아니다. 하지만, 보건교사가 글을 써야 하는 이유는 계획서 작성뿐 아니라 학교 내 메신저 시스템을 통해서 안내나 협조를 위한 메시지 글을 수시로 써야 하기 때문이다.

글을 잘 쓰지 않을 때는 글쓰기가 보건 업무에 얼마나 도움이 되는지 잘 모른다. 글쓰기를 만만하게 하면서 보건 업무의 효율성이 높아지는 것을 몸으로 느끼면서 글쓰기의 가치를 새삼 느끼게 된다. 책 쓰기 도전은 우리의 선택사항이라고 생각할 것이다. 하지만, 직장인이라면 직장에서 업무를 좀 더 편안하게 하고 남들과 다른 성과를 내며, 그러면서도 여유로운 직장 삶을 누리기 위해 글쓰기 실력만큼 중요한 것도 없다고 말하고 싶다. 직장은 조직 생활이다. 공무원이든 일반 사기업이든, 직장 생활 자체는 타인과의 관계를 맺으면서 한다는 것이다. 사람과의 관계에서 소통만큼 중요한 것도 없다. 특히, 일할 때는 더욱 세세한 소통이 필요하다.

그 소통의 수단이 말하기뿐 아니라 글쓰기까지 추가된다면 차원이 다른 직장 생활이 가능해진다. 그야말로 전쟁터에서 무기 하나가진 것과 둘을 가진 것과 같은 차이가 발생한다. 보건교사가 이제는 보건 업무만 열심히 하는 시대는 지났다고 본다. 그렇게 한다고 누구도 알지 못하고, 누구도 이해하지 못한 보건 업무가 될 가능성이 있다. 하나를 하더라도 모든 것이 글로서 공유되어야 한다고 본다. 그래야 다른 교직원들은 우리 학교의 보건 업무들이 어떤 것들이 있고, 얼마나 고생해서 그 일들이 이루어지는지 알아차리게 된다.

보건교사라면, 글쓰기와 말하기, 2가지 무기를 소지할 수 있도록 노력해보자. 말하기도 보건교사에게는 쉬운 것이 아니다. 초등 보건교사일 경우, 수업을 평상시 하기에 말하기가 조금은 더 만만할 것이다. 중등 보건교사는 수업하지 않는 보건교사가 많아서 일반교사 앞에서 성교육이나 심폐소생술 연수를 하려고 하면 부담스러워지고 쉽지 않다. 가장 말 잘하는 직업군인 교사 앞에서 아무리 전문적인 신분이라고 할지라도 연수를 하기는 부담이 많이 되는 것이다. 자신도 모르게 마음이 위축된다. 하지만, 강의하는 영상을 찍어봄으로써 어느 정도 남 앞에 나가서 연수하는 것, 강의하는 것에 대한 부담감을 내려놓고 자신감을 가질 수 있다. 글쓰기 또한 보건교사에게 고민거리 중의 하나이다. 글쓰기도 언제 해봤겠는가? 하는 마음이다. 글쓰기에 대해서는 보건교사뿐 아니라 일반교사도 마찬가지일 것이다. 직장에서 소통이 말하기보다는 글쓰기로 옮겨감에 따라서 글쓰기 능력에 대한 필요성이 더 커지고 있다. 이런 상황에서 보건교사라면, 글쓰기 능력을 키워가야겠는데, 혼자만의 고민으로 끙끙 앓지 말고 함께 공저 쓰기에 도전해 보길 권하고 싶다. 책 쓰기는 말 그대로의 책 1권 쓰기가 목적이 아니라 글쓰기가 궁극적인 목적이 되는 것이다. 말하기와 글쓰기, 얼마든지 해결할 비법은 있다. 그 비법대로 차근차근 자신의 소통 무기를 늘려간다면 학교 건강 지킴이로서 수월하면서도 효과적으로 그 역할을 하게 될 것이다.

감염병 관리가 보건의 핵심 업무가 되었다

"응급 대응."

보건교사라면 항상 응급상황을 염두하고 근무를 선다. 언제 어느 때 발생할지 모르는 응급 대응을 위해서 자신만의 원칙을 가지고 있다. 화장실 한번 갈 때도 행선지를 보건실 문 앞에 꼭 적어두고 간다. 핸드폰을 잊지 않고 챙겨서 가는 것은 두말할 것도 없다. 그 정도로 보건교사의 머릿속에는 '응급상황을 놓치면 안 된다.'라는 생각을 늘 하고 있다. 나는 나름대로 응급상황을 대비하는 활동으로 되도록 학교를 떠나지 않는다는 원칙을 고수한다. 이 부분도 대부분 보건교사가 마찬가지일 것이다. 특별한 경우가 아니면, 학교를 떠나지 말자란 생각이 나는 강하다. 학교를 떠날 때는 꼭 참석해야 하는 교육청 출장만 가고 있다. 예를 들어서 1년에 한 번 있는 연말 지역교육청에서 하는 보건교사 연구회에는 참석한다. 이때는 1년의 보건교사 사업을 마무리하고 새로운 한 해를 시작하는 준비를 하는 회의이기 때문에 되도록 참석한다. 그리고 가끔 있는 분과협의회일 때, 자주는 못하더라도 한 번씩 참석한다. 그리고 또 하나, 응급처치 및 심폐소생술 강사 자격증이 있어서 인근 학교에서 연락이 오면 강의를 나가고 있다. 이 자격증도 경기도교육청에서 주최로 시행해서 취득하게 되었다. 교직원은 의무적으로 응급처치 교육을 받아야 하는데, 교육청에서는 보건교사를 활용하자는 취지로 관계 기관에 강사 양성 교육 프로그램을 만들어 보건교사를 교육하고 자격증을 수여했다. 방학 기간 9일 동안 대면으로 교육을 받았는데, 교육은 아주 유익했다. 보건교사의 응급 대응 역량을 키우기 위해서 아주 효과적이라는 생각이다. 지금도 여전히 강사 과정 교육은 진행되고 있다. 아마도 교육과정을 조금 더 완화하고 예산편성을 늘려, 보건교사를 더 많이 교육하는 쪽으로 진행하고 있다고 들었다. 그렇게 인근 학교 교직원이나 학부모를 위해서 1~2회 정도 교육을 나간다. 그 외에는 학교 안에서 대기하면서 근무를 서고 있다. 학교 안에 있어야 그래도 빠른 응급 대응이 가능하기에 그렇게 하고자 노력한다. 하지만, 코로나19 팬데믹을 3년 이상 경험하면서 응급 대응보다 어쩌면 감염병 관리가 더 중요하다는 생각이 들었다.

학교에서 힘든 일을 하는 부서가 아무래도 학생과라고 할 수 있다. 연말이나 새해 초가 되면, 새 학기를 위한 준비로 학교는 바쁘다. 연말에 제출하는 것 중에 "희망 업무서"라는 것이 있다. 용어는 학교마다 조금씩 다를 것이다. 나는 이것을 할 때마다 전 교직원 제출이라고 해서 제출해야 하나 말아야 하나 생각해본다. 왜냐하면 보건교사는 전문직이기에 부서 이동 없이 항상 보건실을 지켜야 한다. 그래서 보건교사에게는 별 의미가 없다. 그래도 나는 다른 교사와 똑같이 제출한다. 제출한다고 해서 일을 번거롭게 한다거나 하진 않는다. 희망 업무를 작성하면서 나는 생각해본다. 일반교사는 이때마다 참 생각이 많고 머리가 복잡해지겠구나! 하는 마음이 든다. 한해 어떤 일을 해야지 조금 수월하게 지낼까? 하는 고민을 할 것 같다. 그리고 어떤 사람들이 내가 쓰려는 부서에 쓰는지도 궁금해질 것이다. 함께 일하는 사람들이 좋아야 나도 마음이 편해진다는 생각을 보통은 하기 때문이다. 하지만 이것도 자신이 마음먹기에 따라서 달라진다. 보건교사는 이런 고민은 없다. 어차피 혼자서 근무를 서니까 말이다. 물론, 일의 협조를 통해서 함께 일하지만, 물리적인 공간에서는 혼자이다. 함께 같은 공간에서 일하는 사람들은 보건교사와 또 다른 고민을 하는 것이다. 학생과는 가장 피하는 부서. 그래서 한때는 새로운 사람이 발령될 때까지 그 자리가 공석이었다가 새로 온 교사가 맡게 되었다. 그것도 아직 경험이 많지 않은 30대 초반 젊은 체육 교사가 맡았다. 이렇게 피하는 부서가 된 이유는 또 다른 의미로는 학교 운영에 큰 영향을 미칠 수 있다는 의미일 것이다. 주로 학생들 문제가 생겼을 때, 순조롭게 처리하는 부서가 학생과인데, 학부모와의 소통도 필요하고, 관리자의 영향은 물론이거니와 여러모로 중간적인 역할을 해주어야 할 처지다. 그것도 좋은 일이 아니라 안 좋은 문제가 발생했을 때이니, 다들 예민하다. 이런 상황을 순조롭게 마무리하지 못하면 학교 전체가 시끄러워진다.

보건 업무 중에서 가장 핵심 업무라고 할 수 있는 것은 아마도 학교 운영에 영향을 미칠 수 있는 일이 되지 않을까 싶다. 코로나 19 팬데믹을 통해서 학교는 가장 힘든 시기를 보냈다고 할 수 있다. 일단, 학생들이 감염병 때문에 등교할 수가 없었다. 수업 중이라도 확진자가 발생하면 초창기에는 전원 귀가 조처했다. 초창기에는 코로나19에 대한 정체가 밝혀지지 않았을 당시이니, 어쩔 수 없이 안전을 위해 그렇게 처리했다. 그러다 백신이 개발되고 점점 코로나19의 정체가 드러나면서 대응법도 알게 되었다. 그러면서 밀접접촉자 위주로 등교중지를 시키고 완전 회복이 되면 등교를 할 수 있도록 했다. 학교뿐 아니라 전 사회가 가정에서 완치될 때까지 자가 격리를 했었다. 지금 생각하니, 그것도 한참 지나서, 확진자가 포화 상태일 때부터 자가 격리였고, 그전에는 하얀 가운 입은 보건직 직원들이 집으로 와서 환자를 데리고 가서 시설에 격리했다. 환자 이송 후에 그 집 소독을 시행했고 소독이 끝나면 유유히 사라졌었다. 영화의 한 장면처럼, 실제 그렇게 관리를 했었다. 일단, 코로나19에 감염이 되면, 사람이 모인 곳에 나타날 수가 없으니, 학교에서는 어떤 상황이 되겠는가? 대면으로 할 수 있는 모든 활동이 정지되는 것이다. 학교 운영에 지대한 영향을 미치게 된다. 지금은 코로나19가 지나갔지만, 이런 감염병은 세계가 이웃처럼 가까워진 지금, 언제 또 찾아올지 모른다. 거의 주기적으로 발생하고 영향을 받을 것으로 예상해야 한다. 그러니, 감염병 관리와 대응이 보건 업무 중에 가장 중요한 업무로 자리바꿈이 되었다고 볼 수 있겠다.

보건 업무의 핵심 업무는 무엇일까? 과거에는 응급 대응이 보건교사의 가장 큰 존재 이유였었다. 왜냐하면, 응급환자 한 명을 놓치면 생명에도 영향을 미쳐 개인에게 치명적이고 학교 또한, 안 좋은 일들로 유명세를 치러야 한다. 얼마 전의 사건이었다. 보건 교사는 수업해야 한다고 교실로 들어갔고, 교실에 대기하고 있던 교사는 머리가 아프다는 학생을 교실로 올려보냈다가 엘리베이터에서 머리가 아파 고통스럽게 발버둥 치는 그 학생을 급히 후송을 보냈지만 결국, 뇌출혈로 사망했다. 만약, 보건교사가 수업이 없었다면 상황이 달라졌을 수도 있었다. 사실, 평상시 별일 없다가도 갑자기 발생하는 것이 응급상황이다. 그런데, 평상시 환자가 없다고 응급환자 관리에 대한 중요성을 잊어버리면 안 된다. 보건실에 다른 교사를 앉혀놓고 보건실 업무를 대행하라고 하는 것도 엄밀히 봐서는 의료법에 위배 되는 일이다. 의료인은 수업하러 가고 비의료인은 그 의료인의 업무를 대행한다는 것이 말이 안 되는 상황이다. 어쩌면 보건 관련 수업하는 것보다, 만일에 있을 수 있는 응급상황을 빠르게 판단해서 병원으로 후송해서 후유증 없이 건강하게 다시 학교로 돌아오도록 하는 것이 더 중요하지 않을까 생각해본다. 하지만 초등학교일 경우, 보건교사가 대부분 수업한다. 수업을 들어가면서 마음은 편치 않을 것이다. 비의료인이 보건실을 지킨다고 하더라도 위험부담감은 있다. 학교 차원에서 마찬가지일 것이다. 응급 대응은 응급처치를 잘못했을 경우 해당 당사자에게 치명적인 결과를 낳을 수 있기에 그동안 응급 대응과 관리가 보건교사의 핵심 업무였다. 역시 이 부분은 여전히 보건 업무의 중요한 업무로 남겨져 있고 앞으로도 계속 응급 대응은 1건도 놓쳐서는 안 되는 중요한 일임이 분명하다. 그러나 시대의 변화로 인해 그 중요도가 더 큰 보건 업무가 새로 생겼는데 그것이 바로 감염병 대응과 관리이다.

감염병 관리는 응급 대응보다 대상 인원이 다수이다. 그래서 감염병으로 병에 걸리면 그 감염병의 전염력과 부정적인 영향력에 의해서 격리가 된다. 아마도 사회에서 먼저 법정 전염병으로 새롭게 등재할 것이다. 그럼, 법정 전염병의 관리 방법대로 처리하면 된다. 코로나19 팬데믹을 통해서 다수의 확진자가 발생하여 등교 중지된 학생들이 다수였다. 결국 학교는 대면 운영을 포기하고 온라인상에서 수업하게 되었다. "감염병" 하면 전염을 생각하게 되고 전염하면 대면할 수 없다는 것을 자연스럽게 연상할 수가 있다. 감염병 관리가 제대로 되지 않는다면, 학교 운영 전체가 흔들리는 상황이 발생하는 것은 경험을 통해서 너무나 잘 알게 되었다. 그래서, 보건 업무는 이제는 다수에게 영향을 미치고 학교 전체 운영에 부정적인 영향을 미치는 감염병 관리 대응을 평상시부터 노력해야 한다. 지금 당장 감염병이 없다고 앞으로도 없을 것이라고 안일하게 생각하면 안 된다. 세계가 이웃 마을처럼 가까워졌기 때문에 언제든 코로나19 같은 바이러스가 단시간 내에 한국으로 다시 들어올 수 있다는 경각심을 늦추어서는 안 된다. 그래서 평상시, 감염병 관리라는 명제를 항상 가슴에 품고, 여유시간과 공간을 갖추어야 한다고 본다. 이제는 누구도 반대하지 못한다. 감염병 관리 및 대응이 보건교사의 핵심 업무라는 사실을 말이다.

이제, 감염병 대응과 관리는 보건 업무의 핵심 업무가 되었다. 시대가 그렇게 만들었다. 세계가 한 마을이 된 지금, 먼 아프리카에서 발생한 전염 풍토병이 우리나라에 도착하는 것은 생각 외로 빠르다. 세계적인 이동이 쉽지 않았을 때는 이런 감염병이 그냥 먼 나라의 이야기쯤으로 생각해도 안전했다. 어차피, 우리나라에 들어오기 전에 이 감염병의 관리와 대응법이 개발되어 해결할 수 있기 때문이다. 감염병의 이동이 쉽지 않았다. 하지만, 지금은 아니다. 하루 만에도 누군가에 의해서 인천공항을 넘어서 우리 가까이에 올 수가 있다. 학교는 인구가 밀집된 곳이라 전염이 더욱 빠르다. 그래서 감염병 관리에 대한 중요성이 높아진다. 응급 대응에 대한 중요성이 없어지는 것이 아니라, 감염병 관리에 대한 중요성이 하나 더 추가되었다고 생각하면 맞을 것이다. 한마디로 시대가 바뀌면서 건강의 상황은 변화되고, 건강요구는 더욱 높아졌다. 감염병 관리뿐만 아니라 다른 업무도 그렇다. 보건이 건강이 관련된 업무이기에 그 가치가 더욱 중요해지면서 업무의 양도 늘어나고 있다. 보건교사는 감염병 관리에 대한 그 중요성을 다시 더 마음에 새기고 학교 운영 전체를 흔들리게 할 수 있는 감염병 관리와 대응에 좀 더 철저하게 평상시 준비해야겠다.

비대면 감염병 관리, 글쓰기 능력이 필수다

나는 4년 만에 복직했다. 4년이면 정말 긴 시간이다. 언니도 간호사 출신인데, 병원에서는 1년 이상 휴직하면, '병원 복귀 의사가 없는가?'라고 생각한다고 했다. 그래서 4년 동안 육아휴직 하는 나를 보고 언니는 "학교는 병원보다는 그래도 나은가? 그래도 적응하기 쉽지 않을 텐데…"라며 속으로 염려했다고 한다. 아이들 육아도 중요하지만, 직장 생활을 계속하고 싶다면, 복직 후의 적응도 염두 해야 한다고 생각했다고 한다. 맞다. 4년 만에 복직하니, 모든 것이 변해있었다. 학교의 시스템은 더욱 좋아져서 오히려 적응하기가 힘들었다. 일 예로 학교 내 메신저 시스템도 너무나 좋아져서 메시지를 보내야 하는데, 그것을 못 보내서 2박 3일

동안 고생한 적이 있었다. 보건교사의 가장 큰 단점이 보건실에 혼자 있다는 것이다. 그러다 보니, 업무 관련 궁금한 것을 해결하는 시간이 오래 걸린다. 바로 옆에 근무자가 한 명이라도 있다면, 어떤 상황일지라도 넌지시 질문하면 되는데 그것이 안 된다. 그저, 혼자서 연구해서 알아내던지, 아니면 결국, 전화나, 직접 가서 질문해야 한다. 다들 바쁜데, 그렇게 하기에 미안한 생각이 든다. 그리고 보건교사는 일반교사와 달리, 일하고 쉬고의 경계가 없다. 언제 어느 때도 아프고 다친 아이들은 올 수 있기에 되도록 보건실을 지켜야 한다. 그것 외에 복직 당시가 코로나19 팬데믹 상황인지라, 이 일하는데도 숨이 턱까지 차올랐다. 기존 업무에 대한 기억도 가물거리는데, 감염병 팬데믹 극복을 위해 해야 할 일들은 산더미처럼 불어났었다. 그런데도 하나하나 무리 없이 업무를 처리해 나갔다. 그 이유는 지금 생각해보니, 글쓰기 능력이 많은 도움이 되었다는 생각이 든다. 휴직 기간, 책을 썼었는데, 책 쓰기를 하면서 자연스럽게 글쓰기 실력이 좋아졌고, 감염병 관리와 대응에 아주 유용하게 글쓰기 실력을 활용했다. 글쓰기 능력이 비대면의 시대인 감염병 팬데믹 상황에서 필수적인 능력이라고 할 수 있는데, 나는 휴직 중에 글 쓰는 역량을 높여 보건 일하는데, 좀 수월했다. 천만다행이었다. 휴직 중 아이들을 키우면서 책 쓰기를 했기 때문에 여러 가지 면에서 보건교사의 삶에 긍정적인 영향을 미쳤다.

〈코로나 관련해서 담임선생님에게 부탁 말씀드립니다.〉

금일 아침, 학생 확진자가 많아졌습니다. (특히, 1학년 학생이 많네요.)

학생 확진자 발생 시 다음 사항 지도 부탁드립니다.

1. 자가 진단 앱에 반드시 〈방역 기관 통보 내용 등록〉 녹색 버튼 눌러 확진 입력(교육청에서 진단 앱의 확진 입력으로 상황 파악함.)

2. 확진자 주변 친구 중에서 유증상을 보이는 학생은 방역 마스크 착용

3. 교실 환기

4. 개인 책상은 개인적으로 소독 시행

5. 문손잡이 소독

6. 쉬는 시간마다 맞통풍 시행

7. 가족 중 확진자가 있는 학생들 특별히 주의 (방역 마스크 착용, 대화 자제, 기타)

*방역 마스크 필요한 학생들은 보건실로 내려주세요.

코로나19 팬데믹 지금은 거의 사라졌지만, 내가 작성했던 2022년 보건자료를 확인해보면 여러 가지 내용이 기록되어 있었다. 나

는 교내 메신저로 보낸 글을 한 개의 파일로 만들어서 모두 저장해두었다. 메시지 내용만 보더라도 그 메시지를 보낸 상황들이 훤히 보이는 듯했다. 위의 내용은 코로나19 확진자가 많이 발생하고 있는 상황에서 보낸 글이다. 코로나19 감염병 팬데믹이 한국에 도착했을 때가 2019년 말쯤이었다. 2020년 초부터 서서히 한국에서도 확진자가 발생하기 시작했다. 학교에서도 역시, 한두 명 공포의 확진자가 발생했다. 그 시기가 그리 오랫동안 이어질 줄 몰랐다. 위의 메시지는 그래도 초창기보다는 담대하게 확진자 발생 대응을 했었다는 분위기를 느낄 수가 있다. 확진자가 발생하면 교실에 소독과 환기, 기타 방역방침에 대해서 담임에게 메시지를 보냈다. 1명의 확진자로 인해서 여러 명으로 확진자가 발생할 수 있어서 확진자 발생 여부를 서로 잘 관찰해야 했다. 그래야 더 많은 수가 확진되는 것을 예방할 수 있다. 북한의 감시체계처럼, 감염병 상황에서는 서로 감시자가 되어 약간의 고열이나 기침, 기타 의심 증상을 보인다면 바로 병원 진료나 검사를 받을 수 있도록 서로 권유하도록 했다. 그리고 중요한 것이 자가 진단 앱에 확진자라는 것을 등록해야 하는데, 이것을 자주 빠뜨려 교육청에서 학교 확진자 발생 현황을 제대로 파악할 수 있도록 해야 했다. 그리고 방역 물품은 항상 넉넉히 비치하기 위해 노력했었다. 손소독제, 소독용

물품, 마스크, 검사 키트, 등 감염병 예방과 관리를 위해서 필수물품이었다. 이 메시지를 보니, 그때의 기억이 새록새록 되살아나면서 그 긴장감까지 느껴졌다.

〈소독 티슈 배부〉

교실, 교무실에 소독 티슈, 교사 1인당 각 2개씩 배부입니다.

학년 부에는 박스로 올려 드리겠습니다. (소독 티슈 22개)

각 교무실에서는 방역 선생님이 배부하시는데

혹시 빠지신 곳에서는 보건실로 방문하여 주시면

감사하겠습니다.

*소독 티슈는 확진자 발생 주변이나 급히 필요할 경우 사용하여 주시고

그 외 소독은 "메디록스" 소독 분무기를 이용하여 주시기를 바랍니다.

소독 티슈가 환경오염의 원인이 되기도 하고 가격도 고가입니다.

(메디록스 환경 소독제는 보건실에서 언제든 채우시면 됩니다.)

오늘도 수고하세요^^

소독 티슈를 교사들에게 나누어 준 것도 기억난다. 소독 티슈는 환경오염의 온상이라고 해서 자주 나누어주진 않았다. 소독 티슈는 꼭 필요할 때만 사용하는데, 그때가 확진자가 발생했을 때이

다. 빠르게 확진자의 책상이나 문손잡이를 소독하거나 기타 급할 경우 사용하라고 특별히 강조했었다. 그리고 평상시에는 일반 소독제로 수건을 활용해서 책상이나 가장 많이 손이 닿은 문손잡이를 주기적으로 소독할 것을 권했다. 사공이 많으면 배가 산으로 간다는 속담이 있듯이 소독 담당 학생을 정해서 돌아가면서 소독을 할 수 있도록 했다. 복직해서 보니, 학생들에게 무엇인가를 시키는 것이 예전과 같지 않다. 거의 아이들에게는 시키지 않고 있다. 유일하게 할 수 있는 것은 학생들 자신이 있는 공간에서의 청소나 소독은 학생들에게 지시해도 되었다. 교사만이 사용하는 교무실이나 기타 특별실일 경우에는 학생에게 청소시킨다거나 하면 안 된다. 이렇게 변화한 것은 순리에 맞는 일인듯하다. 학생은 학생의 권리가 있는데, 학생을 교무실 청소를 시킨다는 것은 맞지 않는 것이라 여겨진다. 교사들이 거하는 곳은 교사들이 당연히 깨끗하게 청소한다. 교실 소독은 학생들이 담당해야 학생 스스로 감염병으로부터 보호할 수가 있다. 그래야 건강을 잃지 않고 수업도 받을 수가 있는 것이다.

감염병 상황에서는 메시지 글을 자주 보낸다. 감염병 대응과 관리를 위해 소소한 일들에서부터 확진자가 발생했을 때의 긴박한 상황에서까지 메시지 글 보내기가 최고의 소통 수단이 된다. 얼굴 보고 대화하는 것이 철저하게 지양되는 시기가 바로 감염병 발생 상황이다. 서로의 건강을 지켜주기 위해서 우린, 되도록 대면 모임을 지양했다. 그런 상황에서 우리가 할 수 있는 소통의 방법은 글을 써서 서로 주고받는 것밖에 없었다. 다행히, 글을 쓸 수 있는 시스템은 학교 내 잘 갖추어져 있다. 감염병 팬데믹을 경험하면서 글쓰기의 중요성은 누구나 크게 느끼고 있다. 단지 표현을 안 했을 뿐, 글쓰기의 가치를 절실히 느끼고 있다. 그런데, 이 글쓰기를 어디서부터 어떻게 해야 하는지 잘 모른다. 어쩌면 글쓰기는 타고나야지만 한다고 그냥 생각할지도 모르겠다. 하지만 아니다. 우리가 그동안 보건 업무를 하면서 수도 없이 쓰는 글쓰기로 인해, 자신도 모르게 글쓰기가 조금은 성장했다는 사실을 알고 있을 것이다. 처음과는 다른 모습이다. 그런 것처럼, 글쓰기는 충분히 노력한 만큼 성장이 일어난다. 이제, 글쓰기를 위한 맞춤식 노력을 투자하면 된다. 감염병 팬데믹 상황은 앞으로 계속 일어날지 모른다. 이것은 전문가가 아니더라도 예측할 수 있는 부분이다. 또 다른 코로나19를 위해 우린, 글쓰기가 좀 더 편해지도록 평상시 준비해야겠다. 잘 쓰고 못 쓰고를 떠나서 일단, 글쓰기가 편해져야한다. 그래야 감염병 관리와 대응을 할 때 어떤 상황에서도 글 쓰면서 보건 업무를 할 수 있다. 당신의 글쓰기, 응원한다.

글 쓰면서 우아하게 보건 업무해라

　나는 이번에 '보건교사의 공저 쓰기'란 주제로 〈전학공〉 운영장을 맡았다. 〈전학공〉은 전문적 학습공동체의 줄임말로, 교사들의 학습동아리라고 할 수 있다. 직장인이면서 책을 쓰는 나는 책 쓰기가 직장인의 능력을 높여주고 직장인의 삶을 바꾼다는 사실을 절실히 느끼게 되었다. 그래서 이번에 보건교사를 위한 공저 쓰기로 보건교사들의 글 쓰는 능력을 키울 수 있는 〈전학공〉 운영장을 맡게 되었다. 직장인은 항상 자기 계발에 목말라 있다. 직장에 다니고 있기에 능력향상을 위해 노력하는 것이다. 자기 계발 영역과 방법은 여러 가지이다. 과거 나는 영어 실력을 쌓기 위해 새벽 영어학원을 다닌 적이 있었다. 유명 학원이었는데, 아침마다 멀리 이동하여 그 학원을 갔었다. 유명 학원에 다니면 나의 영어 실력이 일취월장, 성장할 것으로 생각했다. 그런 심리가 저변에 깔려 있었다. 사실, 유명 학원에 다닌다고 내 실력이 빠르게 좋아지는 것은 아니다. 일상에서 꾸준히 해야지 무엇이든지 실력이 향상되는 것이다. 영어도 마찬가지이다. 보건교사이지만, 어떤 분야이든지 잘하고 싶다는 생각에서 영어학원을 다녔고, 그 영어학원 덕으로 성장하고 싶었던 모양이다. 하지만, 고생만 하고 결과도 없이 흐지부지 시간만 소비했었다. 그래도 또다시 자기 성장을 위해 도전을 했었다. 그래도 별 특별한 소득이 없었다. 그냥. 이것이 하나의 습관처럼 자기 계발을 위해 이것저것 찾아다니고 조금 하다가 효과가 없으면 또 다른 것을 해보고 그런 시간의 연속이었다. 하지만, 글쓰기, 책 쓰기를 하면서 달라졌다. 학원을 찾아서 시간과 돈을 투자하지 않았다. 그저 내가 있는 위치에서 자투리 시간일지라도 글을 썼다. 글을 쓰면서 나는 매 순간 성장을 체험했다. 겉으로 큰 변화가 일어났다기보다는 내면의 변화가 일어났다. 내면의 변화는 결국, 외면의 변화도 서서히 이동했다. 나의 가장 큰 내적 변화는 글쓰기란 소통 방법을 하나 더 갖추었기에 왠지 마음이 여유로워졌다는 것이다. 전쟁터에서 무기 하나를 더 장착한 느낌이다. 이상하게도 심리적으로 안정감이 생겼다. 사실, 맞다.

글 쓰고 책 쓰는 삶을 살다 보니, 말하기보다는 글쓰기가 지금은 더 편안하다. 말하기 곤란하거나 말하면 내가 감정이 격해질 것 같은 상황에서는 글을 쓴다. 글을 쓰면 학교에서 부정적인 상황을 예방할 수가 있다. 오히려 글쓰기를 통해서 진심이 전달되어 더 좋은 결과로 이어지는 경험도 여러 번 했다. 보건교사가 글쓰기를 해야 하는 이유가 이런 것이 아닐까? 한다. 글쓰기로 상황 악화를 예방할 때마다 그런 생각이 든다. 이런 글쓰기의 장점을 더 많은 보건교사가 알기를 바라는 마음으로 '보건교사 공저 쓰기'〈전학공〉을 진행하기로 했다. 지원예산금은 40만 원 정도라고 했다. 많지는 않지만 돈보다는 글쓰기, 책 쓰기에 관한 것들을 공유하는 것에 의의를 두었다. 신청 인원이 6명 이상 되면 전학공을 진행할 수 있는데, 아무쪼록 보건교사가 글쓰기의 가치를 인지하고 공저 쓰기 도전해서 스스로 보건교사의 삶을 우아하고 행복하게 만들 기회를 잡아보길 기원하고 있다.

나는 내 아이들은 자판 필사와 3문장 쓰기를 하도록 강조하고 있다. 자판 필사의 효과는 내가 직접 체험한 것이었기에 부모로서 아이에게 좋은 것을 주고 싶은 마음에서 강조하게 되었다. 3문장 쓰기는 일상생활에서 자신의 의견을 글로 표현하도록 돕기 위해 하게 했다. 자판 필사는 글 쓰는 힘을 키워준다. 자판 필사의 효과는 정말 놀랍다. 필사하면 주로 손으로 쓰는 것이지만 자판으로 필사한다는 아이디어를 생각해 낸 것에 대해서 나 스스로 운이 좋고 놀랍게 생각한다. 처음에는 대수롭지 않게 생각했지만, 시간이 지날수록 새록새록, 그 가치에 감탄한다. 책 1권 써내겠다는 간절한 바람이 자판 필사라는 것을 생각해 내게 되었고 자판 필사를 통해서 결국, 인생 첫 책을 쓴 나는 이 좋은 것을 내 소중한 자식한테도 꼭 물려주어야겠다고 생각했다. 하지만 아이들은 자판 필사하기를 지겨워했다. "엄마, 이것 왜 해야 해? 그냥 베껴 쓰는 것인데, 무슨 의미가 있어? 나는 시간 낭비만 하는 것 같아."라고 아들은 대놓고 나에게 말했다. 잠깐 자판 필사를 하면서 좋다고 이야기한 적도 있었지만, 아이들이 사실, 하는 일들이 많기에 시간을 내기가 쉽지 않았다. 이제 고등학생이 되지만, 아이들이 어른만큼이나 바쁘게 살아간다. 그런 것을 다 알고 있어도 나는 아들에게 말했다. " 수홍아, 엄마가 자판 필사와 3문장 쓰기, 이것처럼 너에게 강조한 것 있었니? 다른 것은 모르겠지만, 이것은 엄마를 믿고 꼭 했으면 한다."라고 진지하게 말했었다. 그때부터 아들은 그 전보다는 스스로 알아서 하려고 했다. 딸아이도 마찬가지이다. 자판 필사하기 싫다고 엄마가 정 원한다면 자신은 짧은 필사책으로 손 필사하겠다고 해서 그렇게라도 하라고 했다. 하지만, 손 필사는 손이 아픈 관계로 쓸 수 있는 양이 한계가 있기에 글쓰기 실력향 상에는 한계가 있다. 글쓰기 실력을 높이는데 자판 필사를 따라올 방법은 없다고 나는 생각한다. 그래도 손 필사라도 하면, 독서 겸 글쓰기의 2가지 습관 형성은 되는 것이니, 그렇게 손 필사를 하다 가 자판 필사로 넘어가면 된다고 생각하고 있다.

나는 매일 가족 단톡방에 "수홍아, 정아야, 자판 필사와 3문장 올려라."라고 글을 쓴다. 거의 안 쓰는 날이 없다. 속으로는 화가 나기도 한다. 그동안 자판 필사와 3문장을 쓴 지가 3년 이상이 되 었는데도 아이들은 여전히 스스로 실천하지 않는다. 자판 필사는 A4 1장을 쓰고 사진을 찍어서 가족 단톡방에 올리고, 3문장은 그 대로 카톡으로 쓰면 된다. 매번 글로 쓰면서 나는 내 마음을 다스 린다. 화를 내면서 아이들에게 말하고 싶을 때도 많다. "왜 매일 하는 것을 제대로 하지 않니? 너희들은 엄마가 그렇게 강조하는 것을 왜 안 하니? 너희들이 엄마의 자식이라면 엄마가 원하는 자 판 필사와 3문장 쓰기를 해야 하지 않겠니?" 그런데 직접 화내면 서 말을 하지 않고 글로 쓴 것을 다행이라고 생각한다. 요즘 아이 들은 화를 낸다고 부모의 말에 순종하는 것이 아니다. 스스로 하 도록 잘 다스려야 한다. 그리고 중요한 것은 아이들이 계속 자판 필사와 3문장을 쓰는 것이다. 아이들의 성장을 위해서 그것이 가장 중요하다고 생각했다. 그래서 화를 내는 대신에 글로 조용히 아무 일도 없는 듯이 자판 필사와 3문장 쓰기를 권한 것이 천만다행이라고 생각하는 것이다. 글로 의사 표현을 하는 것은 순조로운 과정과 원하는 결과를 위해서 최고의 방법이라고 생각해본다.

과거, 나는 중학교에 근무를 섰을 때, 미세먼지 업무로 인해 다른 사람들과 언성을 높인 일이 있었다. 미세먼지 업무가 생긴 지 초창기였던 것으로 기억한다. 미세먼지가 건강에 미치는 영향이 크다는 학부모 민원에 의해서 새롭게 업무가 생긴 것이다. 이 업무를 어느 부서에서 맡느냐 하는 상황에서 보건실에서 맡아야 한다는 이야기가 나왔다. 학교마다 업무 분담은 다르다. 미세먼지 업무 같은 경우, 보건교사가 맡은 학교도 있고, 체육 교사, 아니면 다른 부서의 부장급에서 맡았다. 각자 서로 이 업무가 환경과 관련 있는데, 왜 자신의 부서에서 맡아야 하는지 이해할 수가 없다고 말했다. 결국, 건강과 관련 있다는 이유로 보건교사가 맡아야 한다는 주장이 제기되었고, 다수가 혼자인 보건교사에게 그 일을 일임하려고 했었다. 그 당시 나는 예체능부 소속이었다. 예체능부 부장이 체육 교사였는데, 자신이 맡기는 싫으니, 보건교사인 내가 맡아주길 바랐다. 하지만, 내 생각은 미세먼지는 여러 부서가 힘을 합해서 처리해야 할 업무라고 여겼다. 심한 미세먼지가 발생했다면, 교무부에서는 수업 조정을 해야 하고 행정실에서는 공기청정기를 가동해야 하고, 보건실에서는 미세먼지로 호흡기나 기타 증상이 있는 학생들의 건강을 관리해야 한다. 그러니, 보건교사 혼자만의 일이라고 보기 어렵고, 여러 부서를 통합할 수 있는 부장 교사가 맡아 전체를 통제하는 것이 맞는다고 생각하고 있있다. 그 당시에는 그랬다. 아마도 새로 생긴 업무라서 더욱 그런 생각들을 했던 것 같다. 이 문제가 시간이 갈수록 첨예하게 예민해져서 결국, 관련 부서 담당자들이 모여 회의했다. 일방적으로 보건교사인 나에게 그 일을 맡아야 한다고 분위기가 흐르는 바람에 참지 못하고 불편한 감정을 표현했었다. 관리자까지 한마음이 되어서 어쩌면 약자일 수 있는 보건교사에게 애매한 업무를 떠넘기느나는 불합리한 마음이 들어서 더 화가 치밀어 올랐었던 것 같다. 결국, 초창기이니 체육부장이 맡고 1년 뒤에 보건교사가 미세먼지 업무를 맡기로 하고 일단락이 되었다. 서로 기분 좋게 마무리된 건 아니었다.

　직장에서도 글을 쓰면서 오히려 좋은 결과로 이어지는 경우가 많다. 지금 글 쓰는 삶을 살면서 나는 그때를 돌이켜 보면서 생각한다. "그때 만약, 내가 글쓰기를 만만하게 하는 사람이었으면, 직접 부딪히기보다는 글로 내 생각과 주장을 펼치지 않았을까 싶다. 그것도 담담한 마음으로 마음을 정리하면서 생각들을 전달했을 것이다. 흥분하지 않고, 상대방도 무슨 사연이 있겠지? 하는 마음으로 글로 의사 표현을 했다면, 그 사람들도 이해하고 받아들였을지 모르겠다. 말로 서로 상처를 줄 수 있는 상황이라면 아예, 그런 자리는 피하고 대신 글로 썼어야 했는데, 하는 마음으로 아쉬움이 남는다.

글쓰기에 자신감이 붙으면 곤란한 상황에서는 말 대신 글로 소통한다. 학교에서 일하다 보면 여러 가지 불편한 상황들을 경험한다. 특히 업무 분담하는 연말, 연초에는 다들 예민해진다. 내가 하지 않던 업무가 나에게 주어진다면 그것처럼 힘들어지는 것도 없다. 학교도 조직이기 때문에 조직 전체를 위해 내가 양보하는 것도 필요하겠지만, 그 일이 너무 부당하다고 생각된다면 감정을 주체하지 못한다. 그럴 때일수록 말이 아닌 글로 자기 의사를 표현해야겠다. 이런 상황에서 글쓰기가 만만하지 않다면 정말 외로워진다. 글쓰기, 나에게 조금은 자연스러운 일이라면 혼자서 조용히 그 불편한 상황에 대해서 글로 써서 상대방에게 전달 할 수가 있다. 글로 써서 전달하면 일단, 내 마음이 편해진다. 아무 표현도 하지 못하고 부당하다고 생각하는 그 일을 맡게 된다면 알게 모르게 마음에 상처가 되고 화병이 생길 수도 있다. 이런 것이 바로 스트레스이다. 스트레스는 만병의 근원이라고 했다. 글쓰기를 하면 내 의견이 수용되든 안 되든 일단, 글로 메시지를 보내 표현이라도 했기 때문에 스트레스가 줄어든다. 스트레스는 줄고, 불편한 상황 연출은 예방하게 되어 좀 더 여유롭고 우아하게 일을 처리할 수가 있는 것이다. 그래서 보건교사라면 더욱 글쓰기를 해야 한다고 말할 수 있겠다. 대부분의 학교에서 혼자이기 때문에 말 못 할 사정도 많고, 그렇기에 힘든 부분이 많은데, 글쓰기가 보건교사를 지켜주게 된다고 본다. 글쓰기, 보건교사라면 꼭 나의 무기로 만들길 바란다.

글 쓰는 보건교사, 만족스럽고 행복하다

'보건교사와 글쓰기가 무슨 상관이 있을까?'라고, 생각할 수 있다. 나 자신도 책을 쓰기 전에는 책 쓰기나 글쓰기가 보건교사란 직업과는 상관없다고 여겼다. 아니, 아예 그 두 개념을 연관짓지도 않았다. 하지만, 직접 글을 써보면 알게 된다. 보건교사와 글쓰기는 아주 밀접한 관계가 있다. 한마디로 나는 보건교사의 역량을 제대로 발휘하기 위해서는 글쓰기를 반드시 해야 한다고 강조한다. 아무리 능력 있는 보건교사라고 하더라도 표현할 능력이 부족하면 보건 업무를 제대로 능력껏 발휘하지 못한다. 표현을 통해서 우린 보건 업무를 제대로 할 수가 있는 것이다. 예를 들어서, 3월이 되기 전에 새 학기 연수를 한다. 3월, 새로운 학년도를 위해 교

직원도 바뀌고, 학교 자체에서 새로운 사업도 추진하게 되어 다양한 내용으로 연수를 한다. 대략, 2~3일 정도 날을 잡고 실시하는데, 우리 학교 같은 경우는 이틀 예정으로 시행한다. 2월 중순이나 말에 주로 시행하는데, 이 연수를 하면 거의 방학도 끝나고 새 학기가 시작할 즈음이 된다고 볼 수 있다. 나는 이번 연수에서 보건교사로서 전달 사항을 정리해서 연구부장에게 전달했다. 미리 소책자를 만들기에 내용을 정리해서 보내주었다. 내용은 감염병 관리 조직도, 응급상황 발생 시 학교 응급 관리 매뉴얼, 그리고 수업 중 보건실 이용 시 〈보건실 이용허가증〉에 관한 내용들을 준비했다. 올해에는 처음으로 흡연 예방 사업(기본형)도 추진하게 되었다. 금액은 140만 원 정도로 가볍게 진행하는 사업이지만 학교 구성원들은 알고 있어야 하기에 내용에 넣었다. 코로나19 팬데믹을 겪으면서 감염병이 학교의 운영에 지대한 영향을 미친다는 사실을 깨달았다. 그래서 앞으로도 또다시 코로나19 같은 대형 감염병이 도래할 경우를 대비해서 미리 '감염병 대응 조직도'는 어떻게 구성되는지 알려주는 것도 필요하다고 생각했다. 또 하나는 평상시 응급 대응 매뉴얼이다. 관리자들도 이것에 대해서 잘 모를 수가 있다. 그래서 미리 연초에 한 번 알려주어야 원활한 응급환자 대응이 가능하다고 판단했다. 그리고 또 한 가지 중요한 부분은 수업 중 보건실 이용하려는 학생에게 교과교사들의 〈보건실 이용 허가증〉 발부에 관한 내용이다. 다른 학교도 비슷하게 이런 허가 증을 활용하고 있을 것이지만, 아무리 수업 중 번거롭더라도 학생 의 안전과 관리를 위해서 보건실을 이용하고자 하는 학생에게 〈 보건실 이용허가증〉을 발급해 줄 것을 강조했다.

전제 교직원들에게 보건의 중요한 내용에 대해 연수를 통해 직접 말로 알려줄 수도 있지만, 메시지 글로도 반복해서 전달해야 한다. 글은 얼굴을 보면서 실시간으로 하지 않아도 된다. 반면 말로 할 수 있는 환경은 제한적이다. 년 초 교직원 새 학기 연수 시간이 이틀간 실시되기 때문에 이 시간이 가장 적합한 시간이 된다. 코로나19 팬데믹이 끝나고 다시, 한 달에 1회 정도 대면으로 하는 교직원 회의가 부활하긴 했지만, 연초가 가장 시간이 충분하다. 학기 중하는 교직원 회의 시간에는 전달할 부서도 많아 시간이 부족하다. 그래서 다른 부서에 양보하는 측면에서 보건교사는 꼭 필요한 내용 아니면 년 초 연수 시간이나 평상시 글로 쓰게 된다. 글쓰기가 편하다면 확실히 보건 업무에 도움이 된다. 어떤 내용도 만만하게 글로 써서 오해가 생기지 않도록 메시지 글을 보낼 수가 있기 때문이다. 글이라도 자주 보낸다면 훨씬 소통이 잘 된다. 그래서 보건 업무도 원하는 방향대로 술술 풀려나간다는 느낌을 받을 수 있다. 보건 역량이 부족하더라도 오히려 글쓰기를 통해서 부족한 부분이 다른 교사들의 도움으로 보완이 되는 경우도 많다. 사실, 보건 일이라는 것이 보건교사 혼자 잘해서 되는 것이 아니다. 학교의 여러 다른 교사들이 힘을 합해서 이루는 것들이 더 많다. 이런 합심의 분위기를 만들 수 있는 것이 또한 보건교사의 글쓰기인 것이다.

보건교사이지만 글쓰기를 꾸준히 하면서 긍정적인 효과들이 있다. 글쓰기는 확실히 보건교사로서의 삶에 든든한 지원군처럼 도움이 된다는 것이다. 임용고시를 준비할 때는 보건교사란 꿈이 간절했다. 보건교사만 되면 세상 최고로 행복할 것처럼 느꼈다. 나는 30대 중반에 보건교사 임용고시 시험을 준비했다. 30대 중반이면 20대보다는 기억력이 아무래도 떨어질 것이다. 그런 것을 알고 있었기에 더욱더 보건교사라는 꿈이 절실했었다. 절실하면 간절할수록 꿈의 실현은 가까워진다. 그렇게 임용고시 시험에 합격하고 보건교사가 되었을 때, 세상을 얻은 듯 행복하고 만족스러웠다. 하지만, 그것도 잠시였다. 우리가 상상하지 않았고 잘 몰랐던 보건교사의 생각지도 못한 현실이 따로 있었다. 보건교사는 학교에서 외딴섬처럼 느껴질 때가 많았다. 보건교사는 예체능부에 주로 소속되어 있는데, 소속은 되었지만, 근무를 서는 장소도 달랐고 하는 업무도 차이가 커서 완전히 독립적인 존재이다. 아마도 내가 소속된 부서에서도 나와 비슷한 생각을 했을 것 같다. 어떤 위급상황이 발생했을 때, 결국, 보건교사 혼자서 해결해야 할 때가 많았다. 천식 환자가 발생했을 때도 보건실에는 혼자였다. 이리 뛰고 저리 뛰어 결국, 그 학생의 집에까지 데려가서 천식약을 가까스로 먹일 수가 있었다. 그 학생의 집이 바로 학교 앞이어서 천만다행이었다. 보건교사는 기본적으로 외로운 직업이구나 생각했다. 그리고 혼자인 만큼 진심으로 누군가의 도움을 또 받을 수 없는 위치라는 생각이 들었다. 한마디로 외롭고 소외된 학교의 의료인이자 교사인 셈이다. 덩달아 자존감까지 내려갈 때도 많다.

글쓰기를 통해서 심리적인 문제들이 하나둘 해결이 된다. 글쓰기는 깊이 있는 내부 자아와 소통하는 일이다. 내가 내 안의 나와 대화한다고 볼 수 있다. 어떤 대화도 나와 나 자신을 글로 쓰면서 내면을 표현할 수가 있다. 이런 점은 심리적인 불편감이나 문제들에 도움이 된다. 문제라고 할 것까지는 없을 수 있겠지만, 사람에 따라서 느끼는 것은 차이가 있으니, 무엇이라고 딱 말할 수는 없다. 그래도 기본적으로는 학교의 유일한 의료인인 보건교사는 누구와 이야기해도 이해하지 못하는 보건 영역이 분명히 있기에 그런 것들로 인해, 어려운 점이 발생한다. 의료인인 보건교사가 중요하게 생각하는 부분과 비의료인인 관리자와 교사가 중요하게 생각하는 부분은 다르다. 이런 갭이 있기에 보건교사의 역량이 필요하고 그 역량은 글쓰기를 통해서 채워진다.

글쓰기를 하면 보건교사가 행복해진다. 행복감의 근원은 바로 성장이다. 보건교사도 직장인으로서 자기 계발을 이루어나가야 할 위치에 있다. 그런 면에서 글쓰기는 성장의 아이콘이라고 말할 수 있다. 글쓰기는 우선, 글 쓸 글감이 존재해야 한다. 주변에 글감은 늘려 있지만, 글을 쓰지 않는 사람은 글감을 글감으로 보지 못한다. 글감은 바로 의미를 부여하는 순간, 평범한 일상사에서 글감이 되기 때문이다. 아주 사사로운 일상이나 경험일지라도 글을 쓰는 사람은 그곳에서 의미를 찾아낸다. 의미를 찾아내는 순간, 그것은 나에게 귀한 글감이 된다. 별 특별하지 않은 것들에 의미를 부여하는 삶은 정말 사람을 행복하게 만든다. 우리가 의미를 못 느낄 때 무의미하게 느끼는 것인데, 의미를 느끼는 순간, 그 어떤 일도 사사로운 것은 없다. 우리 내면의 마음가짐에 따라서 똑같은 현상을 다르게 받아들이는 것이다. 보건 업무를 하다가 나를 힘들게 하는 업무들도 다르게 받아들인다. 이번에 나는 보건교사 인생 처음으로 흡연 예방사업을 시행할 것을 관리자로부터 요청받았다. 사실, 지금 중요한 것은 흡연 예방사업이 아니라고 생각했다. 언제 어느 때 발생할지 모르는 감염병 관리가 더 중요하고 시급하다고 나는 판단했다. 코로나19 팬데믹이 끝났는데, 벌써 감염병 관리의 중요성을 잊어버렸나? 하는 생각이 들었다. 보건교사의 에너지는 제한적이다. 이것을 하면 저것을 못 할 가능성이 있다. 이런 부분을 고려해서 흡연 예방은 조금 생략하길 바랐고, 그렇게 의사 표현을 했었다. 그래도 관리자의 마음은 변화가 없는 듯했다. 그래서 그냥 받아들이기로 했다. 관점에 따라서 다른 생각, 다른 행동을 하게 되는 것인데, 관리자 관점에서 또 다른 생각이 있겠다고 하는 마음으로 시행하기로 했다. 일단, 수용하고, 그것의 의미를 찾아보기로 했다. 어떤 상황이든지 의미는 찾을 수 있다. 우리가 그것을 찾으려고 하지 않았기 때문에 못 찾는 것일 뿐이다. 분명, 흡연 예방사업을 통해서 내가 그동안 몰랐던 특별한 배움과 깨달음을 얻을 수 있을 것으로 생각한다. 이런 생각과 관점의 변화가 글을 쓰는 동안 일어났다.

글쓰기를 통해서 성장하고 변화한다는 사실을 발견하게 된다. 글쓰기가 특별하지 않았고 어떤 이점이 있는지 구체적으로 잘 모르는 경우가 많다. 글을 써봐야지 글쓰기의 효과를 삶의 여러 곳에서 느끼게 되는 것인데, 일단, 모든 상황을 글로 표현하는 삶을 살지 않았다면 도저히 글쓰기의 가치를 발견할 수가 없는 것이다. 글을 쓰면서 사고도 많이 바뀐다. 과거의 나는 어떡하든지 편하게 사는 쪽으로 모든 것을 판단했다. 내가 표현하는 이유도 나 개인의 편함이 우선이었다. 어떤 보건교사는 일반교사와 상대적으로 차별을 받고 제대로 일한 만큼 대우를 받지 못한 것에 대해서, 자신은 월급을 받은 만큼만 일하겠다고 했다. 나는 그 말이 정말 어리석다고 생각했지만, 한편으로는 그 말도 틀린 말이 아니라고 여겼다. 보건교사라서 받는 불이익이 있었고, 열심히 해도 알아주는 사람은 없었기 때문이다. 성과상여금에서 불평등한 기준으로 평가받아서 '공정한 평가를 해야 할 교육 기간에서 어떻게 불평등한 평가를 하는가?' 하는 생각으로 심적으로 힘들었던 적이 있었다. 보건교사라면 누구나 공감할 것이다. 이것 외에도 의료인이면서 교사라는 명분으로, 보건교사의 업무 역할은 당연히 해야 하고, 비교과라고 해서 부담임 역할을 하길 원한다든지, 또는 애매한 업무일 경우, 건강과 조금이라도 관련 있다는 이유로 보건교사에게 일임한다든지, 이런 일들이 일어나고 있다. 그러니, 상대적으로 억울하게 느끼는 때도 있을 것이다. 월급을 받은 만큼만 일하고 싶다는 그 보건교사 같은 경우도, 이런 불이익을 다른 곳에서 해소할 수 없으므로 스스로 그렇게 원칙을 정해서 답답한 마음을 풀고 싶은 것이 아니었을까 싶다. 그렇게라도 해야지 본인 스스로 자존감을 유지할 수가 있기 때문이기도 했을 것이다. 나 자신도 글을 쓰기 전에는 비슷하게 생각했었다. 하지만, 글을 쓰면서 이런 심리가 조금씩 사라졌다. 글을 쓰면서 진정, 여유를 찾고 의미를 부여하면서 새롭게 인생을 살아가고 있다. 글쓰기는 우리에게 어마어마한 성장과 의식의 변화를 가져다준다.

글을 쓰면 보건교사의 삶도 만족스럽고 행복해진다. 글쓰기가 우리에게 주는 특별한 긍정적인 효과가 있기 때문이다. 글쓰기를 통해서 소통력이 좋아지고 업무의 결과물도 좋아진다. 또한 글쓰기를 통해서 부수적인 능력 또한 좋아진다는 것을 느낄 수 있다. 글쓰기는 서론-본론-결론으로 짜임새 있게 쓰게 되는데, 이것이 바로 기획력에 해당한다. 그냥 생각나는 대로 적는 것이 아니라 본론에는 어떤 내용을 넣을 것인지, 서론은 또한, 본론을 어떤 식으로 암시해 나갈 것인지 구상한다. 글을 쓰면서 글감을 찾을 때 필요한 의미 부여를 내 삶에 적용하게 된다. 근무를 설 때도 마찬가지이다. 부당한 일일지라도 그곳에 의미를 부여하면 부당한 일이기보다는 새로운 중요도가 생기고 '누군가가 해야 한다면 내가 하지!'라는 여유로움도 생긴다. 이런 마인드로 일을 하니, 도와주는 손길도 하나, 둘 생겨난다. 당장 눈앞에서 보이지는 않지만, 그런 손길에 의해서 보건 일은 물론이거니와 학교 일도 술술 풀려나간다. 결국, 학교 구성원인 교사들의 마인드 하나하나에 조용한 변화를 일으키는 것이 누군가의 진심을 담은 글쓰기일 수 있다. 그것이 보건교사의 글이라면 더욱 의미가 있지 않을까 싶다. 이제 보건교사도 글쓰기를 통해서 좀 더 여유롭고 행복해졌으면 하는 바람이다. 글쓰기가 만만해질수록 만족스럽고 행복하게 살 수 있다는 사실을 이젠, 믿고 당신이 보건교사라면, 글쓰기에 관심 가지고 도전해 보시길 바란다.

글 쓰는 보건교사

초판 1쇄 발행 | 2025년 11월 24일

지은이 | 나애정
펴낸이 | 김지연
펴낸곳 | 생각의빛

출판등록 | 2018년 8월 6일 제406-2018-000094호

ISBN | 979-11-6814-125-4 (03190)

원고 투고 | sangkac@nate.com
블로그 | blog.naver.com/sangkac

* 값 19,200원